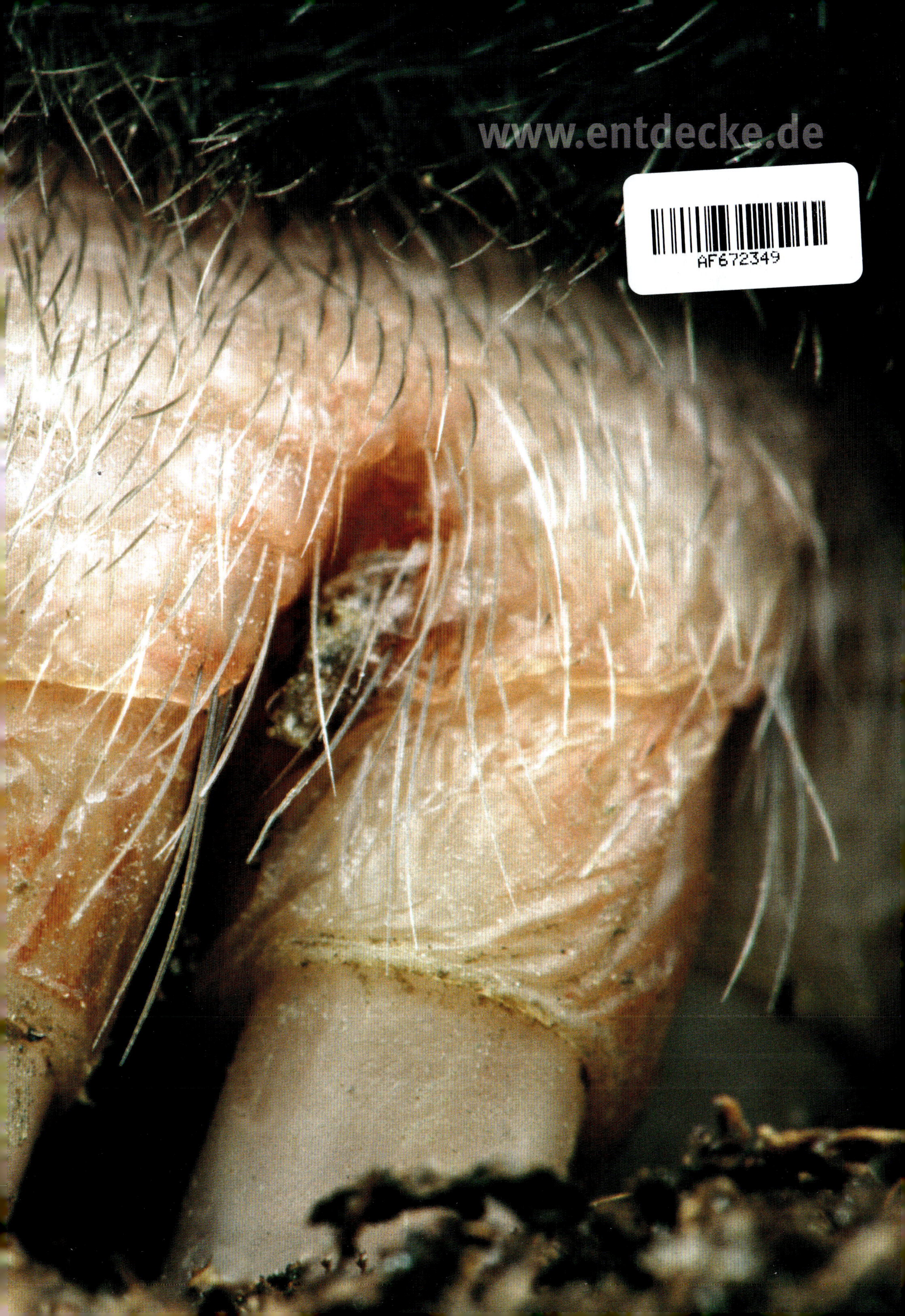
www.entdecke.de

Entdecke die Maulwürfe

Esther Verjans

ISBN: 978-3-86659-511-8

1. Auflage 2023

An der Kleimannbrücke 39/41
48157 Münster
Tel.: 0251-13339-0, Fax: 0251-13339-33
E-Mail: verlag@ms-verlag.de

Home: www.ms-verlag.de
Geschäftsführung: Matthias Schmidt
Layout: Isabell Büchter
Lektorat u. Bildredaktion: Kriton Kunz
Druck: Drusala, Frýdek-Místek

mauritius:
Titel: Solvin Zankl
Vorsatz: Maximilian Weinzierl / Alamy / Alamy Stock Photos
S.6 unten: Visual&Written SL / Alamy / Alamy Stock Photos
S.9 o: Auscape International Pty Ltd/Alamy/Alamy Stock Photos
S.15 u: Arterra Picture Library / Alamy / Alamy Stock Photos
S.17 unten: Solvin Zankl
S.19 oben: Solvin Zankl
S.24 oben: Memento
S.29 oben: Pitopia / Burkhard Trautsch
S.30/31: Jason Smalley Photography/Alamy/Alamy Stock Photos
S.33 oben: Blickwinkel / Alamy / Alamy Stock Photos
S.35 oben: Solvin Zankl
S.36/37: Blickwinkel / Alamy / Alamy Stock Photos
S.40/41: Solvin Zankl
S.42 oben: Solvin Zankl
S.43: Blickwinkel / Alamy / Alamy Stock Photos
S.44 o: Nature Photographers Ltd/Alamy/Alamy Stock Photos
S.45: Blickwinkel / Alamy / Alamy Stock Photos
S.48 oben: Les Stocker / Alamy / Alamy Stock Photos
S.48 unten: Les Stocker / Alamy / Alamy Stock Photos
S.49 oben: A & J Visage / Alamy / Alamy Stock Photos
S.53 oben: Ger Bosma / Alamy / Alamy Stock Photos
S.55 unten: A & J Visage / Alamy / Alamy Stock Photos
S.64: Arterra/Philippe Clément / imageBROKER

sonstige:
S.17 oben: Kriton Kunz
S.24/25: Kriton Kunz
S.24 unten: troutline.ro
S.30 2x: Kriton Kunz
S.51 unten: Mathias Gruß, Gruß Hygiene GmbH
S.61 Mitte: Mollendoek_Mollenwering, KING RootBarrier

shutterstock:
Rückseite: Eric Isselee
S.1: kubais
S.2/3: Marina Lohrbach
S.4/5: Eddi_m
S.4 oben: Eric Isselee
S.5 oben: photomaster
S.6 oben: Volina
S.6 Mitte: Eric Isselee
S.7 oben: Agnieszka Bacal
S.7 unten: Eric Isselee
S.8: muroPhotographer
S.9 unten: Eric Isselee
S.10/11: ap-studio
S.10 Mitte: Jana Krizova
S.11 oben links: Aleksandar Milutinovic
S.11 oben rechts: Emvat Mosakovskis
S.12/13: alphaspirit.it
S.13 oben: djgis
S.14/15: ID-VIDEO
S.16: Eric Isselee
S.18/19: juefraphoto
S.18 oben: Eric Isselee
S.20 oben: Eric Isselee
S.20 unten: Close Encounters Photo
S.21 oben: Eric Isselee
S.21 unten: Henri Koskinen
S.22 Mitte: UbjsP
S.22 unten: Kruglov_Orda
S.23 oben: ABC photographs
S.25 oben: JoeClemson
S.26/27: nadiya_sergey
S.27 oben: Alexander Raths
S.27 Mitte: 3d_hokage
S.27 unten: irin-k
S.28: Eric Isselee
S.29 unten: irin-k
S.32 oben: Imageman
S.33 unten: David Dohnal
S.34/35: Abi's Photos
S.36 oben: Kazakova Maryia
S.38 oben: COULANGES
S.38 unten: Nick N A
S.39 oben: Oleksandr Kostiuchenko
S.39 unten: CezaryKorkosz
S.42 unten: photowind
S.44 unten: pictoplay
S.46/47: JuliaSN
S.47 oben: COULANGES
S.49 unten: TasfotoNL
S.50 oben: francesco de marco
S.50 Mitte: EvgenS
S.50 unten: Rudmer Zwerver
S.51 oben: Eric Isselee
S.52: Alan Tunnicliffe
S.53 Mitte: Karel Zahradka
S.53 unten: Albert Beukhof
S.54 oben: Grandpa
S.55 oben links: FPWing
S.55 oben rechts: Delpixel
S.55 Mitte: Lena Yak
S.56/57: Peter Csaszar
S.56 oben: Paulrommer SL
S.56 Mitte: Martina Unbehauen
S.57 oben: funnyangel
S.58/59: Lubos K
S.58 oben: Eric Isselee
S.59 oben: STRINGER Image
S.59 Mitte: tchara
S.60/61: KaliAntye
S.60 oben: Vladimir Shulikovskiy
S.60 Mitte: moomin201
S.60 unten: goodmoments
S.61 oben: Sergii Vakula
S.62: Eric Isselee
S.63: UbjsP

Inhaltsverzeichnis

Willkommen in der Welt der Maulwürfe 4

Maulwürfe weltweit 6

- Ähnlicher Körperbau, aber nicht verwandt 8

Im Wald und auf der Wiese 10

Je mehr Nahrung, desto weniger Platzbedarf 12

Von der Rüsselspitze bis zum Schwanzende 16

Spezialisierungen für ein Leben unter Tage 18

Immer die eigene Schaufel dabei 20

Schmückendes Haarkleid 22

- Ein Pelz aus Maulwurfhaar! 24
- Heißblütig! 26

Feine Sinne 28

Gänge, Kammern, Maulwurfshaufen 30

Gangsysteme und Kammern 34

Guten Appetit! 38

Beutezüge 40

Zähne zeigen 44

Wenn die Weibchen rufen 46

Nachwuchs 48

Nachbarn und Mitbewohner 50

Überall Feinde 52

Weitere Gefahren 54

Nützling oder Schädling? 56

Was tun gegen den unliebsamen Gast? 60

Extra: Großes Maulwurf-Quiz 62

Willkommen in der Welt der Maulwürfe!

Maulwürfe leben fast ausschließlich unterirdisch – deshalb bekommst Du einen lebenden Maulwurf nur mit sehr viel Glück einmal zu sehen!

Ab dem Frühjahr kannst Du sie überall sehen, die Hügellandschaft aus Erdhaufen. In Gärten und Parks, auf Weiden und Wiesen – wer da wohl sein unterirdisches Werk getrieben hat? Du weißt es bestimmt: ein Maulwurf! Nur äußerst selten bekommst Du ihn zu Gesicht, denn Maulwürfe leben heimlich und sind die meiste Zeit unter Tage mit Graben und Jagen beschäftigt. Jeder Maulwurf haust als Einzelgänger für sich in seinem Revier. Besuch von anderen Maulwürfen schätzt er nicht sehr. Wer in sein unterirdisches Labyrinth aus Gängen und Höhlen vordringt, muss damit rechnen, unfreundlich vertrieben zu werden.

Wie der Maulwurf zu seinem Namen kam

Auch wenn der Name danach klingt: Mit dem Maul gräbt ein Maulwurf nicht und er wirft auch keine Erde. Vermutlich hat der Name seinen Ursprung in den alten Begriffen „mull" oder „moll", die beide vor einigen Jahrhunderten für „weiche Erde" verwendet wurden. In der Epoche des Mittelalters, zwischen 1050 und 1350 nach Christus, erzählte man bereits vom „moltwerf", dem „Erdaufwerfer". Über die Zeit sprachen die Menschen das Wort dann wie „Maul" aus und wir reden heute von diesem Tier als Maulwurf.

Für uns verborgen, pirschen die geschickten Jäger ihrer Lieblingsbeute hinterher, den Regenwürmern. Der Körper eines Maulwurfs ist perfekt an diese außergewöhnliche Lebensweise im Dunkeln des Erdreichs angepasst. Sieh Dir beispielsweise einmal seine Vorderfüße an – wie Schaufeln sind sie geformt. Damit können Maulwürfe jede Menge Erde umgraben und haufenweise Hügel errichten.

Bestimmt möchtest Du mehr über diesen faszinierenden Stollenbauer erfahren. In diesem Buch schildere ich Dir zusammen mit dem cleveren Eulchen Xabi, wie Maulwürfe leben, wie sie sich in ihrer unterirdischen Welt zurechtfinden und wer ihnen dabei begegnet. Außerdem erfährst Du, aus welchen Gründen Maulwürfe nicht bei jedem gerne gesehen sind und wer ihnen zur ernsten Gefahr werden kann. Komm mit auf eine spannende Reise durch die unterirdische Welt der Maulwürfe!

Regenwürmer sind die Lieblingsspeise des Maulwurfs

Dass hier Maulwürfe leben, verraten sie durch ihre Hügel

Maulwürfe weltweit

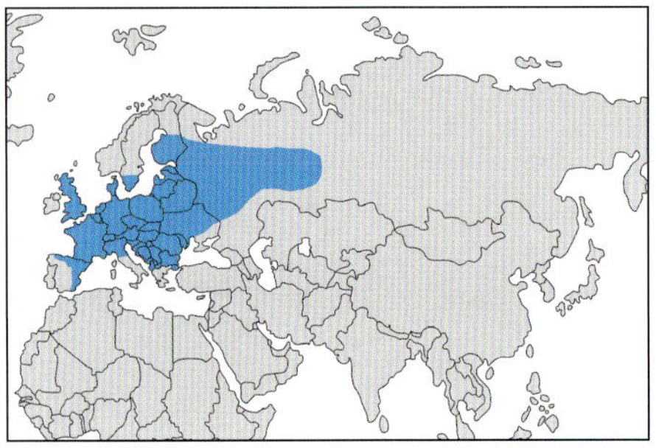

Hier siehst Du das riesige Verbreitungsgebiet des Europäischen Maulwurfs

Bei uns in Deutschland und vielen weiteren Ländern Europas kommt der Europäische Maulwurf vor. Er hat eine weit verbreitete Verwandtschaft. Rund 50 Arten werden zur Familie der Maulwürfe gezählt. Gemeinsam mit beispielsweise Igeln und Spitzmäusen gehören sie alle zu der Ordnung der Insektenfresser. Vertreter der Maulwurfsfamilie kommen nur auf der Nordhalbkugel der Erde vor. Der afrikanische Kontinent und Australien wurden nie von ihnen besiedelt. Auch in Mittel- und Südamerika kannst Du keine Maulwürfe finden.

Unser heimischer Maulwurf trägt seinen Namen „Europäisch" zu Recht: Du kannst ihn in fast jedem Land Europas antreffen. Von Großbritannien und den Bergen der Pyrenäen, zwischen Spanien und Frankreich, bis weit in den Osten nach Russland hinein haben sich Maulwürfe in geeigneten Lebensräumen niedergelassen. Nur in Irland, Portugal, im Süden Spaniens, Italiens und Griechenlands sind sie nicht angekommen.

Spitzmäuse gehören ebenfalls zu den Insektenfressern

Desmane sind Maulwürfe, die sich an das Leben am und im Wasser spezialisiert haben

Besonders merkwürdig sieht der Sternmull aus. Dieser Maulwurf aus Nordamerika kann seine skurrile Nase als extrem sensibles Sinnesorgan einsetzen.

Nicht alle Verwandten des Europäischen Maulwurfs graben so gerne und gut wie er. Asiatische Spitzmausmaulwürfe sowie Japanische und Amerikanische Spitzmulle haben eine oberirdische Lebensweise und sehen ohne die maulwurfstypischen Grabefüße eher aus wie Spitzmäuse. Die wasserbewohnenden Verwandten, die Desmane, graben nur, wenn sie sich im Trockenen gelegene Schlafkammern bauen. Der in Nordamerika beheimatete Sternmull oder Sternnasenmaulwurf hat zwei Lebensräume besetzt: Er kann gut schwimmen und tauchen und sucht einen Teil seiner Nahrung am Grund von Gewässern. Dazu baut er unterirdische Gangsysteme, von denen einige Ausgänge direkt ins Wasser führen. Seine Nase hat 22 fingerförmige Hautfortsätze. Damit kann er in einer Sekunde bis zu zehn verschiedene Beutetiere untersuchen und feststellen, ob sie genießbar sind.

Wie die Maulwürfe zählen auch die Igel zu den Insektenfressern

Ähnlicher Körperbau, aber nicht verwandt

Wenn es kalt ist, ziehen Menschen überall auf der Welt Mäntel an. Wenn sie etwas ausgraben müssen, benützen sie Schaufeln.

So ähnlich ist das im Tierreich: Wer dieselbe Lebensweise führt, braucht auch dieselben Anpassungen daran, denselben Körperbau. Daher findest Du Merkmale des Maulwurfs auch bei ganz anderen Arten, die überhaupt nicht mit ihm verwandt sind.

Ein Beispiel dafür sind die Maulwurfsgrillen, von denen es auch in Mitteleuropa einen Vertreter gibt, die Mitteleuropäische Maulwurfsgrille. Genau wie Maulwürfe leben sie die meiste Zeit unter der Erde in selbst gegrabenen Gangsystemen. Wundert es Dich da, dass sie ganz ähnliche Grabschaufeln an den Vorderbeinen tragen wie Maulwürfe?

Maulwurfsgrillen führen eine ähnliche Lebensweise wie Maulwürfe. Darum besitzen sie vergleichbare Anpassungen, beispielsweise die Grabfüße.

Der Große Beutelmull ist ein räuberisches Beuteltier und mit dem Maulwurf überhaupt nicht verwandt. Seine unterirdische Lebensweise hat jedoch dazu geführt, dass er ähnliche Körpermerkmale entwickelt hat. Hier verzehrt er einen Gecko.

Die beiden australischen Beutelmullarten führen ebenfalls eine Lebensweise unter Tage. Allerdings legen sie keine bleibenden Gänge an, sondern „schwimmen" sozusagen durch lockeren Boden und Sand – auf der Jagd vor allem nach Insektenlarven. Auch diese Beuteltiere, die überhaupt nicht mit Maulwürfen verwandt sind, sehen ihnen aufgrund der Anpassungen an ihre Lebensweise ähnlich. Ähnliches gilt für die Goldmulle in Afrika.

Haben nicht miteinander verwandte Tiere eine gleiche Lebensweise mit gleichen Anpassungen und Körpermerkmalen entwickelt, so nennen Wissenschaftler das eine Konvergenz.

Insektenfresser und Nagetiere

Säugetiere, die wie Maulwurf, Spitzmaus oder Igel zur Ordnung der Insektenfresser gehören, ernähren sich ausschließlich von fleischlicher Kost – wie ihr Name schon sagt, zumeist Insekten. Ihre Zähne sind klein und spitz. Nagetiere wie Eichhörnchen und Mäuse oder dieser Präriehund dagegen sind überwiegend Vegetarier und ernähren sich von Pflanzenteilen, Nüssen und Samen. Erkennen kannst Du sie meist an ihren kräftigen Schneidezähnen.

Im Wald und auf der Wiese

Ursprünglich waren Maulwürfe Waldbewohner. In den letzten Jahrhunderten wurden die Waldflächen aber immer kleiner. Zudem wurde die Landschaft durch menschliche Bewirtschaftung in großen Bereichen zu einer Kulturlandschaft mit Äckern und Feldern. Daher musste sich der Maulwurf dieser Entwicklung anpassen. Heute kannst Du den fleißigen Tunnelbauer in den unterschiedlichsten Lebensräumen antreffen. Neben Laub- und Mischwäldern siedeln diese Tiere sich gerne unter Wiesen und Weiden an. Auch intensiv bewirtschaftetes Kulturland wie Äcker wählen sie als ihr Zuhause. Selbst in die Städte hat es den Maulwurf schon verschlagen. Hier lebt er oft in Gärten und Parks.

Der kleine Stollengräber ist ein sehr anpassungsfähiges Tier. Meist genügen ihm eine geeignete Struktur und Tiefe des Bodens zum Anlegen der Gangsysteme. Aber er verträgt nur mäßige Feuchtigkeit. Nasse, steinige oder sehr sandige Gegenden meidet der Maulwurf. Am liebsten lebt ein Maulwurf an Orten, an denen der Boden locker und sehr nährstoffreich ist, denn hier findet er am meisten Nahrung – vor allem seine Leibspeise, die Regenwürmer.

Ursprünglich lebte der Maulwurf vor allem im Wald

Im Tal und auf den Bergen

Ein Maulwurf kann sich in den unterschiedlichsten Lebensräumen hervorragend zurechtfinden. So kannst Du die Erdaushübe dieser aktiven Tiere gleichermaßen auf Höhe des Meeresspiegels und in den Bergen finden. Ihre sogenannte Höhenverbreitung ist weit gefächert und erstreckt sich in den Alpen bis 2 400 Meter Höhe!

Heute bewohnen Maulwürfe unter anderem auch Wiesen, Weiden und landwirtschaftlich genutzte Felder

In Gärten sind die kleinen Gängebauer ebenfalls anzutreffen

In Wäldern wirst Du Maulwurfshügel als Zeichen seiner Anwesenheit fast nie entdecken. Der Erdaushub wird dort ganz natürlich in der Laub- und Nadelschicht des Bodens verteilt und fällt nicht weiter auf. Nur selten wird ein Gangsystem im Wald zerstört, wie es beispielsweise auf den Äckern durch das Pflügen ganz regelmäßig geschieht. Die vorhandenen Röhren und Tunnel werden immer wieder instand gehalten, sodass sie über die Jahre mehrere Generationen von Maulwürfen nacheinander beherbergen können.

Kulturfolger

Maulwürfe haben sich in den letzten Jahrzehnten zu regelrechten Kulturfolgern entwickelt. Als Kulturfolger werden Pflanzen- und Tierarten bezeichnet, die in den vom Menschen gestalteten Landschaften gute Lebensbedingungen finden und sich hier niederlassen.
Überall dort, wo ein Maulwurf auf fruchtbaren Boden trifft, kann er heimisch werden – auch in unmittelbarer Nähe zum Menschen.

Je mehr Nahrung, desto weniger Platzbedarf

Wie groß die Fläche ist, in der die kleinen Buddler ihre Gänge graben, hängt von einigen Faktoren ab. Ganz besonders wichtig ist, wie viel Nahrung ihnen der Lebensraum bietet. Gibt es in einem Bereich beispielsweise sehr viele Insekten und Würmer, reicht auch ein kleineres Revier. Ist das Nahrungsangebot dagegen schlecht, muss ein Maulwurf in diesem Lebensraum längere Tunnel graben. So kann es sein, dass der eine Maulwurf ein Revier von 300 Quadratmetern hat und ein anderer 5 000 Quadratmeter braucht. Dem ersten reicht also sozusagen ein halber Tennisplatz, der zweite besetzt fast ein ganzes Fußballfeld. Aber dies sind die beiden Extremfälle.

Neben dem Nahrungsangebot spielt auch das Geschlecht der Tiere eine Rolle. Normalerweise hat ein Weibchen ein Revier von 1 300 bis 2 100 Quadratmetern und behält dies auch das ganze Jahr über. Dabei ist es gleichgültig, in welchem Ökosystem sich das Tier befindet, das heißt ob es im Wald, unter einer Wiese, einem Acker oder in der Stadt lebt.

Männchen hingegen brauchen etwas mehr Platz: etwa 2 700 bis 3 400 Quadratmeter. Während der Brunft, also zur Paarungszeit der Maulwürfe, vergrößern die Männchen ihr Territorium sogar noch um mehr als das Doppelte. Auf der Suche nach Weibchen graben sie nämlich umfangreiche Tunnel, die zum Teil auch zusammenhängende Gangsysteme bilden können, die sich über ein Gebiet

Kostbarer Humusboden

Abgestorbene Pflanzenreste wie Halme, Blätter oder Zweige und Nadeln werden mit der Zeit von winzigen Lebewesen im Boden in ihre kleinsten Bestandteile zersetzt. Daraus entsteht eine besondere Schicht des Bodens: der Humus. Besonders viel davon enthalten die oberen 10 bis 30 Zentimeter des Bodens. Hier findest Du auch viele kleine Wurzeln von Pflanzen, die sich mit wichtigen Nährstoffen aus diesem Erdbereich versorgen.

Es macht jedoch einen Unterschied, ob der Humus hauptsächlich aus Laub oder Nadeln entstand. Bei der Zersetzung von Laub ergibt sich ein sehr nährstoffreicher und dunkler, fast schon schwarzer Humus. Bei Nadeln und Ästen ist der Humus eher rötlich braun und in seinen Bestandteilen etwas anders zusammengesetzt.

Auf der Suche nach Weibchen graben Männchen Gangsysteme unter einer Fläche, die größer ist als das Fußball-Spielfeld eines Bundesligisten

von 7 300 bis 7 700 Quadratmetern erstrecken. Das ist dann mehr Fläche, als sie die großen Fußballfelder der Bundesliga umfassen. Wobei Du Dir sicherlich vorstellen kannst, dass ein Maulwurf nicht immer in der Fläche eines Rechtecks gräbt, sondern auch einmal eine Weile nur geradeaus. So kann ein Revier in seiner Ausdehnung auch sehr lang und schmal sein. Ist die Brautschau dann vorbei, zieht sich das Männchen wieder in sein ursprüngliches kleineres Territorium zurück.

Bietet der Boden unter einer Wiese reichlich Nahrung, braucht ein Maulwurf kein großes Revier

Wie viele Maulwürfe auf einer bestimmten Fläche als Nachbarn nebeneinander leben, hängt davon ab, wie gut sich jeder einzelne mit Nahrung versorgen kann. Je nach Lebensraum, Jahr oder Jahreszeit, Landschaft oder Beschaffenheit des Bodens kann die Anzahl der Tiere stark schwanken. Je weniger Regenwürmer oder andere Nahrung der Boden bietet, desto weniger Maulwürfe können sich hier ein Territorium sichern.

Die einzelnen Maulwürfe sind dabei nicht gleichmäßig auf der Fläche verteilt. Die meisten leben dort, wo es viel Humus und mäßig feuchten Boden gibt – denn hier locken die leckersten Regenwürmer. Forscher haben herausgefunden, wie viele Tiere pro Hektar leben können. Ein Hektar entspricht einer Fläche von 100 x 100 Metern. In Laubwäldern kommen drei bis sechs Tiere je Hektar zurecht. Unter Wiesen hingegen sind es schon im Winter acht und im Sommer sogar bis zu 16 Maulwürfe.

Normalerweise ist der Maulwurf ein Einzelgänger, der sein Revier nicht verlässt. Im Jahresverlauf kommt es allerdings bisweilen zu einem Revierwechsel. Sind Äcker abgeerntet, verlassen Maulwürfe diesen Lebensraum. Ihre oberirdische Deckung wurde ihnen nämlich durch die Ernte weggenommen und im Herbst legen auch andere Pflanzen einen Wachstumsstopp ein, sodass sich kein neuer Schutz entwickeln kann. Zusätzlich zerstören die Maßnahmen wie das Pflügen der Felder die unterirdischen Höhlen und Jagdgänge. Spätestens dann verlassen Maulwürfe die offene Feldflur, die ihnen im Sommer als Lebensraum gedient hat.

Im Winterhalbjahr suchen sie sich neue Territorien unter Land, das nicht als Acker benutzt wird, zum Beispiel angrenzenden Hecken, Rainen, Wald- und Grabenrändern, aber auch an Bachufern. Hier bleiben die Tiere, bis im Frühjahr die neue Saat ausgebracht wurde und wieder Ruhe auf dem Acker herrscht. Allerdings kann es in den Winterquartieren ganz schön voll werden und die Nahrung ist manchmal knapp.

Besondere Sprache

Maulwürfe tauschen sich mit ihren Artgenossen über Geruch aus. Hierfür haben die Tiere spezielle Drüsen, die eine riechende Flüssigkeit produzieren. Wenn ein anderer Maulwurf dieses „Parfüm" in die Nase bekommt, weiß er sofort, in welcher Stimmung der Artgenosse ist. Geruchsmarkierungen zum Abgrenzen des eigenen Reviers werden zusätzlich über den Urin abgesetzt.

Maulwürfe geben nur selten Töne von sich – meist, wenn sie einander begegnen. Häufig wird bei einem aggressiven Aufeinandertreffen gepiepst und gequiekt, manchmal kannst Du auch ein Knuspern, Knacken und Kratzgeräusche hören. Der schwächere und unterlegene Maulwurf zeigt dies in einem Kampf durch Fauch- und Zischgeräusche an. Zur Paarungszeit locken die Weibchen mit glucksenden Lauten die Männchen in ihre Baue.

Wer sein Revier in der Nähe eines Feldes mit Wintergetreide hat, geht daher schon im Oktober wieder zurück. Spätestens ab Februar oder März kannst Du die Rückwanderung der Maulwürfe an flach verlaufenden Tunneln in der jungen Saat und an einzelnen Hügelgruppen erkennen. Bereiche, die besonders reichliche und schmackhafte Nahrung versprechen, werden zuerst zurückerobert.

Wenn auf einer kleinen Fläche viele Maulwürfe ihre Reviere haben, kommt es manchmal dazu, dass die weit verzweigten Gangsysteme ineinander übergehen. Da die Tiere sich dennoch nicht begegnen wollen, nutzen sie die betroffenen Bereiche zeitversetzt, also nicht gleichzeitig. Oder die Gänge werden von vornherein nicht miteinander verbunden, sondern aneinander vorbei oder darüber und darunter gebaut. Mit Geruchsmarkierungen grenzen Maulwürfe ihr Territorium gegen Artgenossen ab. Sollte ihrem Reich trotzdem ein anderer zu nahe kommen, wird es ausgesprochen aggressiv verteidigt.

Gibt es keine Pflanzen mehr, die Deckung bieten, und zerstört dann auch noch der Pflug die unterirdischen Gänge des Maulwurfs, muss er sich ein neues Revier suchen

Nur selten begegnen die Einzelgänger einander. Ihr Gangsystem verteidigen sie aggressiv gegen Artgenossen.

Von der Rüsselspitze bis zum Schwanzende

Von der Rüsselspitze bis zum Schwanzansatz ist der kleine Erdarbeiter gerade einmal elf bis 16 Zentimeter lang. Ein ausgewachsener Maulwurf bringt normalerweise zwischen 60 und 120 Gramm auf die Waage – also etwas mehr als eine halbe oder ganze normale Tafel Schokolade. Das ist ein wenig von der Jahreszeit abhängig und wie alt er ist. Meist ist das Gewicht im Winter am geringsten.

Einen Unterschied im Gewicht kannst Du auch zwischen Männchen und Weibchen feststellen. Weibchen sind leichter. Daher sind Tiere, die unter 60 Gramm wiegen, häufig weiblich – es sei denn, es handelt sich um noch nicht voll ausgewachsene Jungtiere. Maulwürfe über 100 Gramm sind meist Männchen.

Riesen sind Maulwürfe nicht gerade

Der kurze Schwanz des Maulwurfs hat ungefähr die Länge, die dem halben Durchmesser seiner Wohnröhre entspricht. Je nach Größe eines Tieres sind das zwischen 20 und 45 Millimeter, also gerade einmal so viel wie bei einem Streichholz. Am Ende ist der Schwanz mit sensiblen Tasthaaren besetzt. Das ist sehr wichtig, denn der Schwanz hat eine besondere Funktion. Während der Maulwurf ruhig liegt, hält er seinen Schwanz senkrecht in Richtung Tunneldecke aufgerichtet. Befindet er sich aber in Bewegung, tastet er mit ihm die Gangwände des Röhrensystems ab. Gerade beim Rückwärtslaufen ist dies von Vorteil, um Hindernisse oder Beutetiere zu erkennen. In der Dunkelheit des unterirdischen Labyrinths benutzt er sein Schwänzchen wie einen Tast- oder Blindenstab.

Der Schwanz des Maulwurfs ist zwar recht kurz, ...

Nicht sehr alt

Die Lebensdauer eines Maulwurfs liegt bei ungefähr drei Jahren. Diese Senioren kommen jedoch nur sehr selten vor. Meist wird der putzige Erdaufwerfer nur ein bis zwei Jahre alt.

... übernimmt jedoch eine wichtige Funktion als Tastorgan

Spezialisierungen für ein Leben unter Tage

Mit seinem walzenförmigen Körper ist der Maulwurf perfekt an das Leben in unterirdischen Gängen angepasst

Der Maulwurf hat sich hervorragend an seinen unterirdischen Lebensraum angepasst. Sein Körper ist walzenförmig und flutscht mit dieser Form besonders leicht durch enge Gänge. Als ob er keinen Hals hätte, scheint der Körper direkt in den Kopf überzugehen. Dafür kannst Du seine Nase umso besser erkennen. Findest Du nicht auch, dass sie wie ein kleiner Rüssel aussieht? Seine Rüsselschnauze ist sehr beweglich, hoch empfindlich und er nutzt sie, um Beute in Erdspalten aufzuspüren.

Wenn Du Dir ein Bild von einem Maulwurf anschaust, wirst Du feststellen, dass er keine außen liegenden Körperanhänge hat, vor allem Ohrmuscheln. Obwohl diese fehlen, hört das Tier gut. Zusätzlich kann es die Ohren und Augen durch eine Hautfalte staubdicht verschließen und so verhindern, dass Erde in sie hineingelangt.

Nur selten kommt der Maulwurf an die Oberfläche

Der Rüssel und die Tasthaare sind sehr empfindlich und ideal dazu geeignet, sich unter Tage zu orientieren und Beute aufzuspüren

Fragst Du Dich, wie Maulwürfe in der Erde atmen können? Auch wenn sich Maulwürfe Belüftungsschächte graben, ist der Sauerstoffgehalt in ihrer unterirdischen Welt deutlich geringer als bei uns über Tage. Sauerstoff ist der Anteil der Luft, den alle Tiere (und wir Menschen) zum Leben brauchen. Um trotzdem ausreichend Sauerstoff einatmen zu können, hat sich die Lunge der Maulwürfe im Vergleich zu anderen Säugetieren ihres Umfangs sehr stark vergrößert. Rund ein Fünftel des Körpergewichts eines Maulwurfs ist seine Lunge schwer. Zusätzlich haben Maulwürfe doppelt so viel Blut wie gleich große Säuger. Der im Blut befindliche Stoff Hämoglobin nimmt den Sauerstoff auf, der in der Lunge eingeatmet wurde. Wissenschaftler sagen, Hämoglobin bindet den Sauerstoff an sich. Und so kann der lebenswichtige Sauerstoff in ausreichender Menge im ganzen Maulwurfskörper über die kleinsten Blutgefäße verteilt werden.

Immer die eigene Schaufel dabei

Die Vorderpfoten sind sehr beweglich und kräftig

Bestimmt sind Dir die großen „Hände“ des Maulwurfs schon aufgefallen. Seine Vorderpfoten sind zu breiten, platt schaufelförmigen, rundlichen Grabwerkzeugen umgebildet. Die fünf Vorderzehen sind kurz, aber mit kräftigen, stumpfen Krallen versehen. Wie ein Spaten sind sie zum Graben einsetzbar.

Mit seinen riesigen, krallenbewehrten Vorderfüßen kann sich der Maulwurf hervorragend durch die Erde graben

Maulwürfe schwimmen sozusagen durch die Erde, indem sie lose Erde seitlich nach hinten schieben

Sowohl die Vorderbeine als auch die Hinterbeine eines Maulwurfs sind extrem kurz und gehen vom Körper seitlich ab. Die Handflächen sind breiter als lang und nach außen gedreht. So kann er in der Enge seiner unterirdischen Gänge mit Schaufelbewegungen der Vorderbeine seine großen Grabepfoten besonders gut zum Umwühlen der Erde gebrauchen. Das sieht aus wie bei einem Schwimmer. Nur dass vom Maulwurf bei jedem „Schwimmstoß" nicht das Wasser verdrängt wird, sondern er schiebt die Erde seitlich am Körper vorbei. Seine Schultermuskulatur ist stark vergrößert und verleiht ihm dadurch sehr viel Kraft. So kann ein Maulwurf bis zum Zwanzigfachen seines Körpergewichtes stemmen und bewegen. Das ist etwa so viel, wie wenn Du ein Pony hochheben würdest!

Die perfekten Pfoten zum Graben!

Die Vorderpfoten der Maulwürfe konnten sich durch einen besonderen knöchernen Zusatz perfekt für ihre Grabfunktion entwickeln. Auf der „Daumenseite" haben Maulwürfe einen leicht gebogenen, kleinen Knochenstab namens Sichelbein. Dieser „sechste Finger" ist zusätzlich zu den Fingerknochen und verbreitert die Vorderpfote zu ihrer schaufelartigen Form.

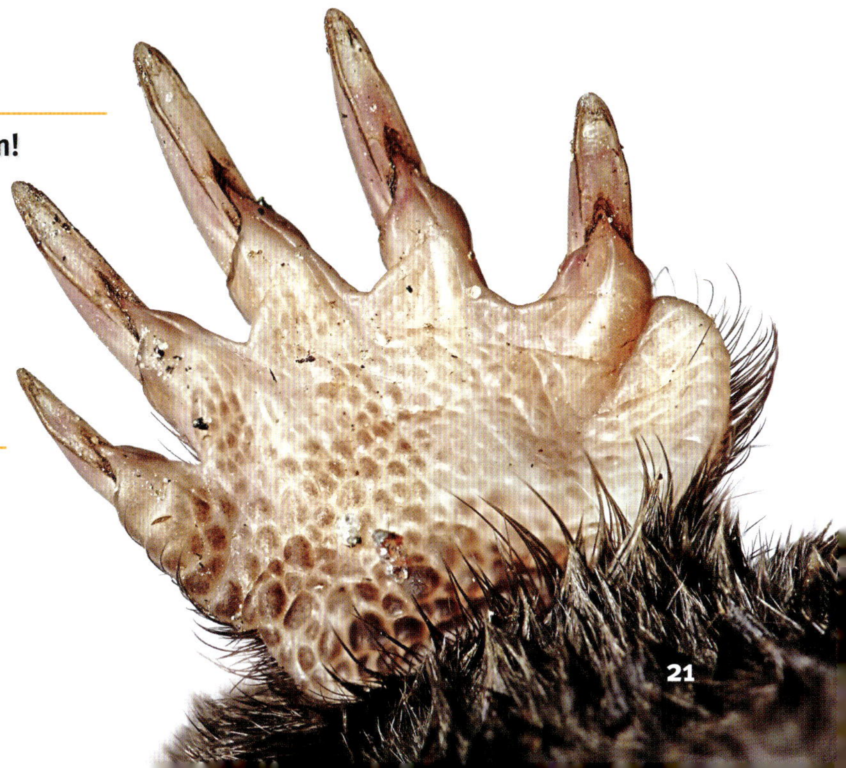

Schmückendes Haarkleid

Die heimlichen Stollenbauer sind nur sehr selten über Tage anzutreffen. Deshalb ist auch ihr Fell mit einigen Besonderheiten an diese Lebensweise angepasst. Auf den ersten Blick denkst Du vielleicht, ein Maulwurf habe ein ganz schwarzes Fell. Schwarz ist aber meist nur sein Rücken. Auf der Unterseite, also am Bauch, ist er eher dunkelgrau. Es gibt aber auch Maulwürfe, die bräunlich, gelb, grau, braun, gescheckt oder sogar ganz hell sind.

In seinem Leben ist ein Maulwurf selten, vielleicht sogar nie der Sonneneinstrahlung ausgesetzt. Daher braucht er keinen Sonnenschutz und seine Haut ist nicht pigmentiert, besitzt also keine Farbe. Im Ruhezustand erscheint sie wie weiß gefärbt. Bei starker Erregung oder Aktivität schimmert die Haut an unbehaarten Stellen wie Vorderpfoten, Füßen und besonders der Rüsselscheibe auffällig blutrot. Das kommt von der verstärkten Durchblutung der Blutgefäße. Vielleicht kennst Du das auch von Dir? Wenn wir schnell gelaufen oder ganz besonders wütend sind, dann wird auch bei uns Menschen die Haut stärker durchblutet und wir bekommen ein ganz rosarotes Gesicht.

Die Hauptfunktion des schmucken Haarkleides eines jeden Maulwurfs ist der Schutz vor Kälte. Hierfür bilden fein gekräuselte Wollhaare, die sogenannte Unterwolle, eine Schicht, mit der die körpereigene Wärme festgehalten wird. Durch Stoffwechselvorgänge wie Verdauung und Muskelbewegungen des Körpers entsteht nämlich Wärme. Diese heizt die direkt an der Haut anliegende Luftschicht auf. Kann diese warme Luft nicht durch die Haare entweichen, wirkt die Unterwolle wie ein Pullover.

Das Fell ist extrem dicht und besitzt keinen Strich, also keine bestimmte Ausrichtung

Auch braune Maulwürfe kommen vor

Andere Säugetiere haben zusätzlich eine wasserableitende und windabhaltende glatte oder etwas derbe Schicht aus sogenannten Deckbeziehungsweise Grannenhaaren. Dieser Deckhaarmantel wirkt wie ein Anorak über dem Pullover. Einen Anorak braucht der Maulwurf jedoch nicht. Sommers wie winters herrschen in seinem unterirdischen Reich keine so großen Temperaturschwankungen wie über der Erde. Um sich an die leichten Schwankungen anzupassen, ist das Winterhaar etwas länger als das Sommerhaar und das Winterfell etwas dichter als das Sommerfell. Bei Regen wird zu Hause geblieben und ein heftiger Wind, gegen den man sich schützen müsste, pfeift nicht durch das Labyrinth der Gänge.

Sehr selten findet man auch ein albinotisches Exemplar. Albinos fehlen Farbpigmete in Fell, Haut und der Iris der Augen.

Tagein, tagaus gräbt ein Maulwurf sich unter Tage durch sein Revier. Kannst Du Dir vorstellen, wie er es schafft, trotzdem immer einen sauberen Pelz zu behalten? Zwei Besonderheiten helfen ihm dabei. Zum einen hat der Maulwurf ein ganz dichtes Fell. Über 200 Haare wachsen bei ihm auf einer winzig kleinen Fläche von nur einem Quadratmillimeter. An ihnen bleibt keine Erdkrume hängen.

Zusätzlich entwickelt dieses praktisch nur aus Wollhaaren gebildete Fell keinen Haarstrich. Wenn Du einen Hund oder eine Katze streichelst, hast Du bestimmt schon bemerkt, dass es in eine Richtung leicht und angenehm ist und in die andere nur gegen einen Widerstand geht. Das gefällt dem Tier auch nicht so gut. Diese Tiere haben einen „Strich", der durch schräg aus der Haut kommendes Wachstum der Haare entsteht. Die weichen Haare eines Maulwurfs hingegen wachsen nahezu senkrecht aus der Haut. Dieser dichte Samtflor verhindert ein Vordringen von Erd- und Steinpartikeln bis zur Haut. Und das senkrechte Wachstum bietet noch einen weiteren Vorteil: Beim Vorwärts- und Rückwärtslaufen in den engen Tunneln seines Gangsystems besteht kaum Widerstand und keine Bruchgefahr für das Haar. Da funktioniert auch eine 180-Grad-Kehrtwende reibungslos.

Steinalt!

Es wurden versteinerte Skelette, sogenannte Fossilien, des Europäischen Maulwurfs gefunden, die zwei bis drei Millionen Jahre alt sind. Zu jener Zeit könnte ein Maulwurf einem Wollhaarmammut begegnet sein, so lange ist das her. Im Süden Frankreichs konnten Maulwurfsfossilien nah verwandter Arten ausgegraben werden, die schon ungefähr 15 Millionen Jahre alt waren.

Ein Pelz aus Maulwurfhaar!

Vermutlich wurde das Fell von Maulwürfen schon über Jahrtausende vom Menschen genutzt und zu Kleidung verarbeitet. So richtig „in Mode“ gekommen ist der Maulwurfspelz dann in der ersten Hälfte des 20. Jahrhunderts. Die leichte und sehr körperanschmiegsame Samtstruktur und der angenehme Kälteschutz des Pelzes machten ihn immer beliebter.

Fast alle ländlichen Gemeinden beschäftigten einen Maulwurfsfänger. Dessen Beruf war es, von Oktober bis Februar mit Fallen so viele Maulwürfe zu fangen wie möglich. Mit den kleinen Fellen wurde dann auf sogenannten Rauchwarenmärkten gehandelt. Es gibt Berichte aus den frühen 1920er-Jahren, in denen verzeichnet wurde, dass jährlich aus Deutschland sechs Millionen Maulwurfspelze in die USA exportiert wurden! Aber auch Länder wie Frankreich, die Niederlande und Dänemark waren am Handel beteiligt.

Vor etwa 100 Jahren waren Pelzmäntel aus dem Fell des Maulwurfs sehr in Mode. Heute steht der Europäische Maulwurf in Deutschland unter Artenschutz.

Noch immer wird Maulwurfsfell angeboten, um daraus Köder für das Fischen zu basteln

In vielen Ländern leider noch ein häufiger Anblick: erlegte Maulwürfe, die wie Trophäen an den Zäunen aufgehängt werden

Aus den gegerbten Fellen wurden zum Beispiel Jacken, Taschen, Bettdecken und Mützen gemacht. Noch bevor die Jagd auf Maulwürfe dazu führen konnte, dass die Tiere ausstarben, zeigten sich auch für die Mode negative Eigenschaften ihres Fells. Die feinen Wollhaare der Maulwurfspelze waren sehr schwierig zu pflegen und nicht für einen regelmäßigen Gebrauch geeignet. Es gab unschön aussehende Abdrücke in den Kleidungsstücken, wo man mit Gegenständen in Berührung kam. Der Pelz wurde auch beim Sitzen schnell abgerubbelt. Zum Glück für die Maulwürfe kam ihr Pelz dadurch dann auch wieder „aus der Mode".

In Deutschland es mittlerweile verboten, Maulwürfe zu töten. Seit 1989 steht der Europäische Maulwurf in ganz Deutschland unter Artenschutz.

Heißblütig!

Wenn wir gesund sind, beträgt bei uns Menschen die Körpertemperatur ungefähr 37 Grad Celsius. Die Körpertemperatur eines Maulwurfs liegt jedoch mit 39,4 Grad Celsius deutlich höher. Bei uns Menschen wäre das Fieber. In den von Erdreich umgebenen Gängen der kleinen Tiere beträgt die Umgebungstemperatur normalerweise zwischen acht und zwölf Grad Celsius. An diese nicht eisigen und nicht heißen Temperaturen sind die kleinen Buddler perfekt angepasst.

Fragst Du Dich, was passiert, wenn es kälter oder wärmer ist? Wird es im Winter kälter oder sogar unter null Grad Celsius in seinem Röhrensystem, ist ein Maulwurf meist längere Zeit in Bewegung. Um sich warm zu halten, also seine Körpertemperatur nicht unter 39,4 Grad Celsius fallen zu lassen, erhöht er auf den kurzen Strecken der täglichen Jagd die Aktivität seiner Muskeln. Dies erzeugt Wärme und die Körpertemperatur wird aufrechterhalten. Steigen die Temperaturen im Sommer über 20 Grad Celsius, können die Tiere nicht nur die Bewegungen ihrer Muskeln senken, sondern sogar die Aktivität rund um ihre Eingeweide wie Magen und Darm reduzieren, um hierdurch keine zusätzliche Wärme zu erzeugen.

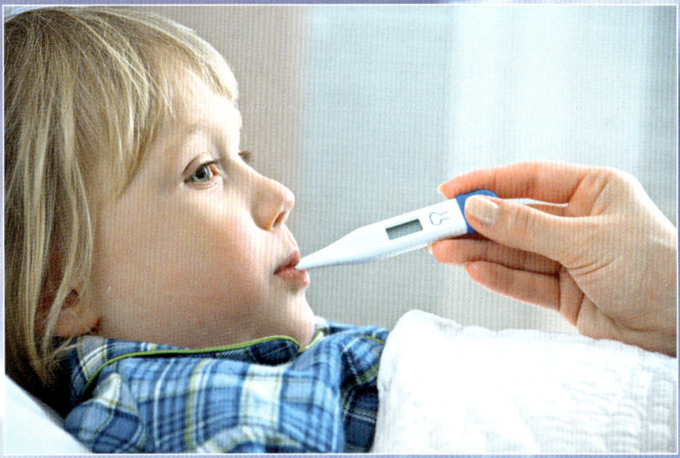

Wenn unsere Körpertemperatur über 38 Grad Celsius beträgt, haben wir Fieber und müssen ins Bett

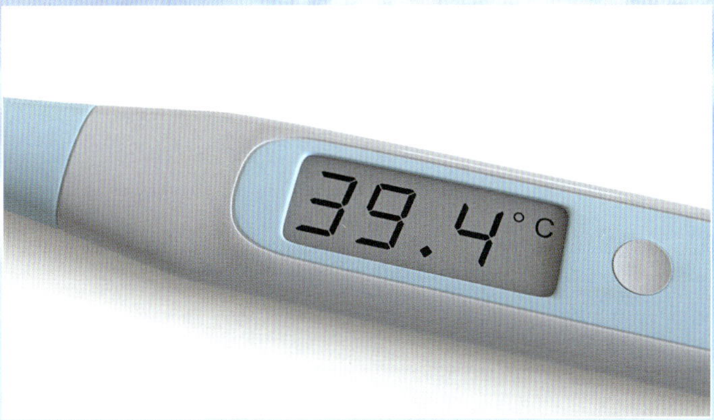

Was bei uns Fieber wäre, ist die normale Körpertemperatur des Maulwurfs

Im Sommer wie im Winter schwanken die Temperaturen in den Gängen nicht sehr stark

Feine Sinne

Kennst Du den Ausspruch „blind wie ein Maulwurf"? Dass Maulwürfe blind wären, stimmt jedoch nicht ganz. Die sehr kleinen Augen liegen im Fell versteckt und können, um das Eindringen von Erde zu verhindern, durch eine Hautfalte fest geschlossen werden. Sie sind bei erwachsenen Tieren jedoch nicht dauerhaft durch ihre Lider verschlossen und daher funktionsfähig. Nur sehr selten, beispielsweise beim Schwimmen oder wenn ein Tier aufgeregt an die Erdoberfläche kommt, scheinen die Augen ein wenig aus dem Fell hervorzustehen.

Mit einem Durchmesser von einem Millimeter sind die Augen eines Maulwurfs sehr klein und dienen nur dazu, hell und dunkel wahrzunehmen. Farben, Umrisse oder auch nur den Regenwurm direkt vor ihrer Nase können Maulwürfe mit den Augen dagegen nicht erkennen. Da die Tiere die meiste Zeit ihres Lebens im dunklen Gangsystem verbringen, hat sich zur Orientierung ihr Tastsinn ganz besonders stark ausgeprägt. Dieser gleicht den nur minimal entwickelten Sehsinn aus.

Der Maulwurf sieht zwar schlecht, aber das macht im Dunkel seiner Gänge ja nichts. Dafür sind sein Tastsinn, sein Geruchssinn und sein Gehör umso leistungsfähiger.

An vier Körperstellen wachsen bei einem Maulwurf sehr empfindliche Tasthaare, sogenannte Vibrissen, die jede kleinste Berührung oder Veränderungen in der Umgebung über Nerven an das Gehirn weiterleiten. Mit Vibrissen an der Rüsselnase kann ein Maulwurf feinste Erderschütterungen und Luftströmungen wahrnehmen, wie sie beispielsweise von Beute oder von Feinden ausgehen. Mit fünfmal so vielen Nervenfasern, wie ein Mensch an der Handfläche hat, ist die Nase eines Maulwurfs extrem sensibel. Im Gesichtsfeld befinden sich zusätzlich ungefähr einen Zentimeter lange Tasthaare. Diese wachsen und sehen aus wie Schnurrhaare bei einer Katze oder einem Hund, nur kürzer. Im Handwurzelbereich, wo die Hand direkt über dem Handgelenk liegt, sind Maulwürfe ebenso mit sensiblen Tasthaaren ausgestattet. Angeordnet sind diese wie eine Manschette oder ein breiter Armreif.

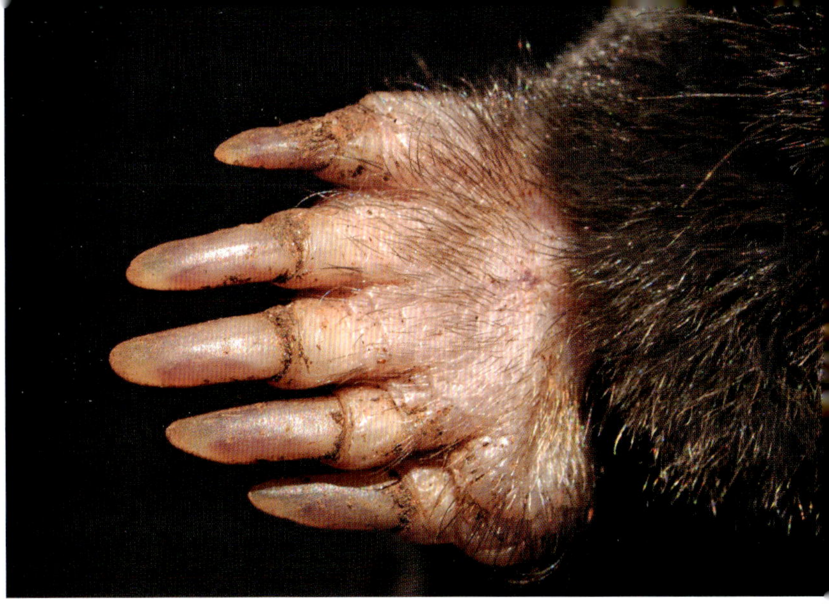

Zu guter Letzt übernimmt der Schwanz eines Maulwurfs mit seiner Behaarung ebenfalls Tastfunktionen, wie Du schon weißt. Wenn ein Maulwurf älter wird, fängt seine Schwanzbehaarung jedoch an, schütter zu werden, und er muss sich zunehmend auf seine anderen Sinne verlassen.

Maulwürfe können auch sehr gut hören. Ihre Ohren liegen, von Fell verdeckt, etwas hinter und unterhalb der Augen. Wie Du schon erfahren hast, besitzen die Tiere keine Ohrmuscheln. Ihre Haare und eine Hautfalte schützen die Ohreingänge. So können beim Graben und Wühlen Erde oder Sand das Ohr nicht verstopfen.

Nicht nur an der Schnauze, sondern auch beispielsweise am Ansatz der Pfoten sitzen empfindliche Tasthaare

Auf kürzere Entfernung haben Maulwürfe mit ihrer Rüsselschnauze auch eine gute Riechleistung. Damit erschnuppern sie nicht nur ihre Beutetiere, sondern „lesen“ auch die Duftmarkierungen, die ihnen auf ihrem Weg begegnen.

Ein Supersinn

Der Wissenschaftler Theodor Eimer hat an den in der Haut liegenden Enden der Tasthaare oder Vibrissen der Rüsselscheibe eine ganz besondere Eigenschaft entdeckt. Hier können nicht nur Tastreize vom Maulwurf aufgenommen werden, sondern er fühlt damit auch ganz schwache elektrische Felder. Diese entstehen bei der Muskelbewegung von Beutetieren. Ein Maulwurf kann daher einen Regenwurm durch dessen Bewegung „fühlen“, auch wenn er ihn nicht direkt berührt. Weil diese Eigenschaft so einmalig ist und in der Form nur bei Maulwürfen vorkommt, werden diese Bereiche der Maulwurfsnase als Eimer‘sches Organ bezeichnet.

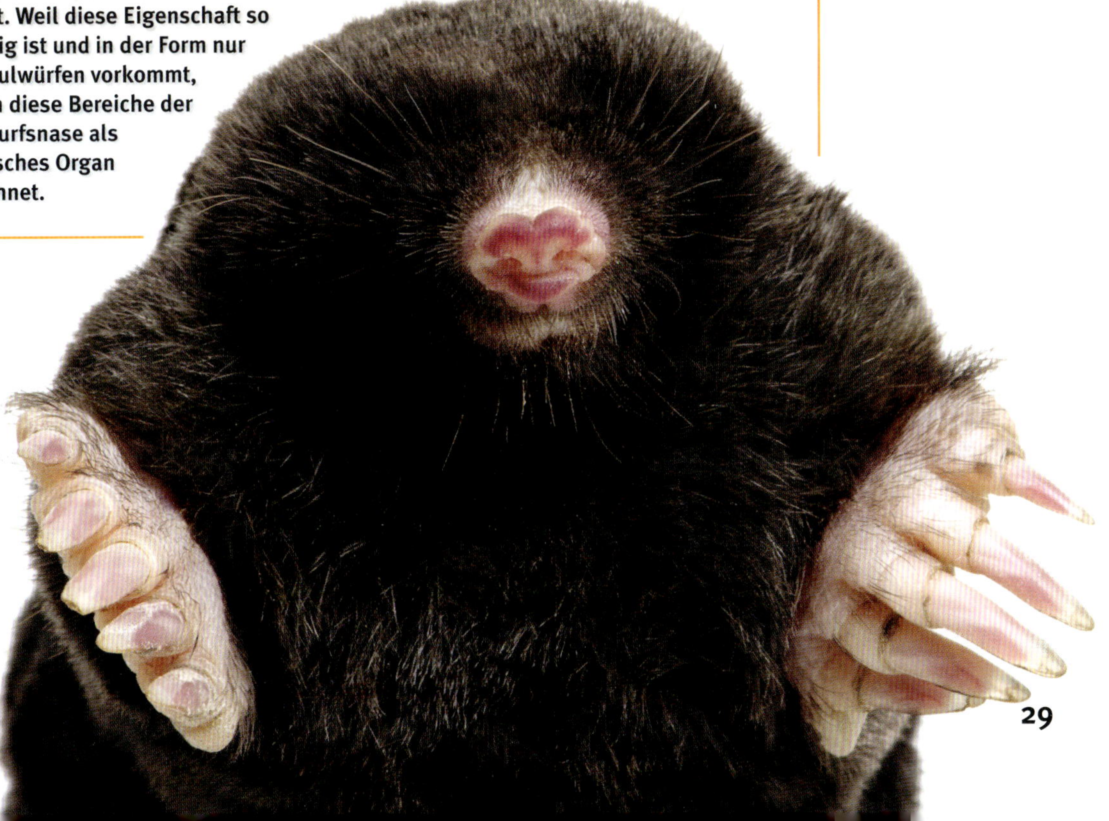

Gänge, Kammern, Maulwurfshaufen

Beispielsweise je nach Grundwasserstand und Jahreszeit können Maulwurfshügel recht klein ...

... oder mächtig groß ausfallen

Die Grabtätigkeit eines Maulwurfs dient unterschiedlichen Zwecken. Findet er keinen leer stehenden Bau oder konnte er keinen Artgenossen aus dessen Revier vertreiben, muss er sich selbst ein neues Netz aus Röhren anlegen. Junge Maulwürfe schaffen sich zumeist ein neues Gangsystem, ältere Tiere versuchen, ihre bestehenden Systeme zu erweitern. Muss ein altes Gangsystem verlassen werden, zum Beispiel, weil es überflutet wurde, dann graben sich Maulwürfe in Sicherheit und besiedeln neue Gebiete.

Es wird also gegraben, um sich Wohnkammern und Verbindungsgänge anzulegen, aber auch, um durch neue Röhren das Jagdgebiet zu erweitern. Und in so mancher Situation gräbt ein Maulwurf, um sich von einem Ort zum anderen zu begeben. Graben ist seine Art, sich fortzubewegen.

Bis zu 20 Meter kann ein Maulwurf sich in einer „Schicht" durch das Erdreich schaufeln. Oder bis zu sieben Meter in der Stunde. Graben ist jedoch eine sehr kraftraubende Tätigkeit. Daher brauchen Maulwürfe nach dem langwierigen Anlegen eines nahrungsspendenden Gangsystems erst einmal eine Ruhepause.

Doch was geschieht mit der ganzen Erde, die die kleinen Stollengräber unter Tage bewegen? Genau! Der Aushub bildet die Hügel, an denen Du erkennst, dass ein Maulwurf aktiv war – denn irgendwann muss die Erde ja einmal raus aus dem Gang ...

Schnell weg!

Setzt man einen Maulwurf auf den Boden, fängt er sofort an, sich einzugraben. Ist das Erdreich locker, dauert das nur fünf bis zehn Sekunden, bis der Maulwurf seinen ganzen Körper eingebuddelt und sich so in Sicherheit gebracht hat.

In schöner Linie hat sich hier ein Maulwurf unter einem Golfplatz „entlanggetunnelt“

Hier hat das Wegtauen des Schnees Tunnelsysteme freigegeben

Beim Vorwärtsgraben schiebt ein Maulwurf die Erde zunächst mit seinen großen Grabschaufeln seitlich an seinem Körper vorbei, wie Du schon gelesen hast – wie ein Schwimmer, der sich nach vorne drückt, indem er das Wasser seitlich nach hinten schiebt. Dabei bewegen die Tiere sich ein wenig geradeaus, sodass sie mit ihren Hinterpfoten die Erde noch weiter hinter sich in den Gang befördern. Hat sich dort ein kleiner Berg angesammelt, dreht sich der Maulwurf um und schiebt und drückt die Erde unter der Erdoberfläche nach oben. Nach einer Weile Schieben und Pressen bricht die Erdoberfläche auf und die Erde rieselt darüber zur Seite. Auf diese Weise befördern Maulwürfe jede Menge Material nach oben, sodass ganz prächtige Hügel entstehen. Die Erdhügel dienen auch als Ein- und Ausgänge zu ihrem Tunnelsystem.

Ungefähr alle zwei bis sieben Meter legt der Maulwurf zusätzlich Belüftungsschächte an. Diese gehen fast senkrecht nach oben und enden nach Möglichkeit im Gebüsch oder unter sicherer Deckung. Die stetige Frischluftzufuhr sorgt dafür, dass

Mächtige „Burgen“

Von Zeit zu Zeit bauen Maulwürfe ganz besonders prächtige Hügel. Diese bezeichnet man als Maulwurfsburgen. Sie können bis zu einem Meter hoch und eineinhalb Meter breit werden. Meist ist der Untergrund an diesen Stellen felsig oder steinig und die Frischluftversorgung schwierig. In Gebieten, wo regelmäßig das Grundwasser hoch steht, türmen die kleinen Tiere sogenannte „Sumpfburgen“ auf. Im Winter bauen sie manchmal zum Schutz gegen Kälte „Winterburgen“. Diese besonders großen Erdhügel dienen den Tieren als Wohnung, wenn es unter Tage nicht möglich ist, kleine Kammern zu graben.

der Maulwurfmief unter Tage erträglich bleibt. Windig ist es unter der Erde nicht, aber mit einer Geschwindigkeit zwischen zwei und zehn Zentimetern pro Sekunde hat der stetige Durchzug der frischen Luft auch einen positiven Einfluss auf die lockere Zusammensetzung des Bodens.

Mit seiner Schnauze schiebt der Tunnelbauer den Erdaushub nach oben und türmt so die Maulwurfshügel auf

Wird ein Gangsystem überflutet, muss der Maulwurf es verlassen

Gangsysteme und Kammern

Der Lebensraum eines Maulwurfs, sein Revier, besteht aus einer ganzen Anzahl unterschiedlicher Gänge und Kammern. Es ist ein weitläufiges, klug angelegtes Röhrensystem, in dem der Maulwurf wohnt und auf die Jagd geht. Es gibt zentrale Jagd- und Laufgänge, Verbindungs- und Blindgänge, eine Schlafkammer, eine Vorratskammer, eine Nestkammer und während der Jungenaufzucht eine Reserveschlafkammer. Alle Gänge funktionieren auch als Fallen für die Nahrungstiere des Maulwurfs: Regenwürmer, Käferlarven (Engerlinge) und alle anderen in der Erde lebenden Beutetiere fallen beim Kriechen durch die Erde in die Röhren hinein.

Am häufigsten sind mitteltiefe, zwischen zehn und 40 Zentimeter unter der Oberfläche angelegte Gänge. Meist handelt es sich dabei um Jagdgänge, die zwischen den Wurzeln von Pflanzen hindurchführen. Wie Du schon weißt, entspricht der Durchmesser eines Ganges immer dem seines Erbauers – das können zwischen 3,8 und 4,5 Zentimeter sein.

Maulwürfe können auch extrem flach verlaufende, nur ein bis drei Zentimeter tiefe Oberflächengänge graben, die sogenannten Tunnel. Meist entstehen sie im Frühjahr, wenn ein Männchen nach einem paarungsbereiten Weibchen sucht. Oder im Frühsommer, wenn junge Maulwürfe auf der Suche nach einem eigenen Territorium sind.

Fast nur nachts kann man einen Maulwurf mit viel Glück kurz an der Oberfläche beobachten – den Tag verbringt er in seinem Bausystem.

Im Gegensatz dazu gibt es auch sehr tiefe Gänge. Diese werden schräg nach unten in die Tiefe gegraben und liegen etwa 60 Zentimeter unter der Bodenoberfläche. Die Gangwände werden ganz besonders stabil gebaut. Dazu presst der Maulwurf Erde, die er vom Bauen übrig hat, ganz fest an alle Seiten des Ganges. Häufig werden tiefe Gänge erst später angelegt. Sie dienen als Verbindung zwischen dem Wohnbereich mit der Schlafkammer oder dem Nestkessel und den Jagdgründen eines Tieres. Im Winter müssen Maulwürfe sogar bis zu einem Meter unter der Oberfläche graben. Die Gänge werden dann nämlich von ihnen in frostfreie und nahrungsreiche Bodentiefen verlagert.

Das Schlafnest ist weich mit Blättern gepolstert

Diese Illustration zeigt einen Querschnitt durch das System aus Gängen und Kammern

Knapp unterhalb der Grasnarbe arbeitet sich der Maulwurf voran

200 Meter und mehr misst das Gangsystem eines fleißigen Stollengräbers im Untergrund. Am Knotenpunkt, dort, wo alle Gänge und Tunnel aufeinandertreffen, befindet sich meist der Wohnkessel des Bewohners. Diese kleine Höhle legt er vorzugsweise zwischen Wurzeln unter einem Baum oder Strauch an. Darin baut das Tier ein rundes, fast kugelförmiges Nest. Es hat einen Durchmesser von 15 bis 20 Zentimetern und besteht aus unterschiedlichen Pflanzenmaterialien. Zunächst sammelt der Maulwurf Blätter, Heu und Stroh für den Rohbau. Damit er es beim Schlafen und Ausruhen immer schön weich und behaglich hat, kleidet er sein Nest von innen regelmäßig mit frischem Grünzeug aus. Die äußeren Schichten verrotten langsam und dabei entsteht Wärme, die die Schlafhöhle besonders gemütlich macht. Vielleicht kennst Du diese Wärmebildung von einem Komposthaufen im Garten?

In der Nähe menschlicher Siedlungen wurden auch Folienstücke und Papierabfälle in den Nesthöhlen von Maulwürfen gefunden. Diese wirken gleichfalls ganz wunderbar wärmeisolierend – da hat der Müll also wenigstens einen positiven Nebeneffekt ...

Geschwind wie der Wind!

Obgleich der Europäische Maulwurf nicht sonderlich sportlich wirkt, kann er sich richtig schnell bewegen. Bei freier Bahn erreicht er eine Geschwindigkeit, mit der er eine Strecke von bis zu 70 Metern in einer Minute zurücklegt.

Geschickt erjagt der Maulwurf seine Lieblingsbeute: Regenwürmer! Das findet normalerweise im Dunkel des Gangsystems statt.

Guten Appetit!

Maulwürfe sind geschickte Jäger in ihren unterirdischen Gängen – und sie fressen nur Fleisch. Ihre Leib- und Magenspeise sind Regenwürmer. Davon können Maulwürfe gar nicht genug bekommen. Daneben gehören zu ihrer Beute verschiedene Insektenlarven, beispielsweise von Schnaken, Mücken, Fliegen und Käfern, selten auch einmal ein paar Ameisen, Spinnen oder eine Nacktschnecke. Je nach Jahreszeit und Lebensraum des Maulwurfs unterscheidet sich das Angebot ein wenig. Die Speisekarte ihrer natürlichen Nahrung ist also nicht besonders lang. Hauptsache, es gibt Regenwürmer!

Jede Menge Regenwürmer muss der Maulwurf fressen, um satt zu werden

Auch Käferlarven schmecken dem Maulwurf

Immer hungrig

Ein Maulwurf wiegt 60 bis 120 Gramm. Etwas mehr als die Hälfte (circa 60 Prozent) seines Körpergewichts braucht er pro Tag mindestens als Nahrung. Das sind also ungefähr 36 bis 72 Gramm oder im Durchschnitt etwa zwölf mittelgroße Regenwürmer. Stell Dir mal vor, Du würdest jeden Tag über die Hälfte Deines Körpergewichts an Nahrung zu Dir nehmen!

In einem Jahr vertilgt ein Europäischer Maulwurf fast das 300-Fache seines eigenen Körpergewichts. Bei einem großen, schweren Männchen bedeutet dies bis zu 30 Kilogramm Nahrung im Jahr. Kann ein Maulwurf nicht regelmäßig fressen, verhungert er bereits nach einem halben Tag.

Hauptsache, es gibt Regenwurm!

Beutezüge

Aufgrund seiner unterirdischen Lebensweise spielt es für den Maulwurf keine Rolle, ob es Tag oder Nacht ist. In seinen Gängen ist es ohnehin immer stockdunkel. Ohne einen Tag-Nacht-Rhythmus zeigen sich bei den Tieren drei Phasen, in denen sie aktiv sind, gefolgt von jeweils einer Schlaf- oder Ruhephase. Alle drei bis vier Stunden marschiert der Maulwurf durch seine Jagdgänge. Nach dem Aufwachen aus dem Schlaf ist er sofort putzmunter. Manchmal verbringt er noch einen Augenblick damit, sich zu putzen und sein Fell zu pflegen. Dann verlässt er aber auch schon seinen Ruheplatz, geht noch schnell zu seinem Toilettenort und durchwandert dann sein Revier.

Auf der Pirsch beginnt der Maulwurf nach kurzer Zeit mit einem charakteristischen Suchverhalten. Dabei pendelt er im engen Gang mit seinem Kopf hin und her, wobei seine Rüsselnase die Gangwände abschnüffelt und dabei jede Unebenheit der Wände, Spalten oder Regenwurmröhren absucht. Da ein Maulwurf nicht gut sehen kann, nimmt er seine lebende Beute erst auf kurze Distanz mit den oben beschriebenen Sinnen wahr, oft erst auf weniger als zehn Zentimeter. Meist hört ein Maulwurf, wer sich vor oder um ihn herum bewegt. Dann läuft er sofort dorthin. Die eine oder andere Käferlarve wird auch schon mal überlaufen. Dann kommen die besonders empfindlichen Tasthaare an den Vorderpfoten des Maulwurfs zum Einsatz. Streicht an diesen Haaren etwas entlang, kann es im Vorbeigehen als Nahrung erkannt werden.

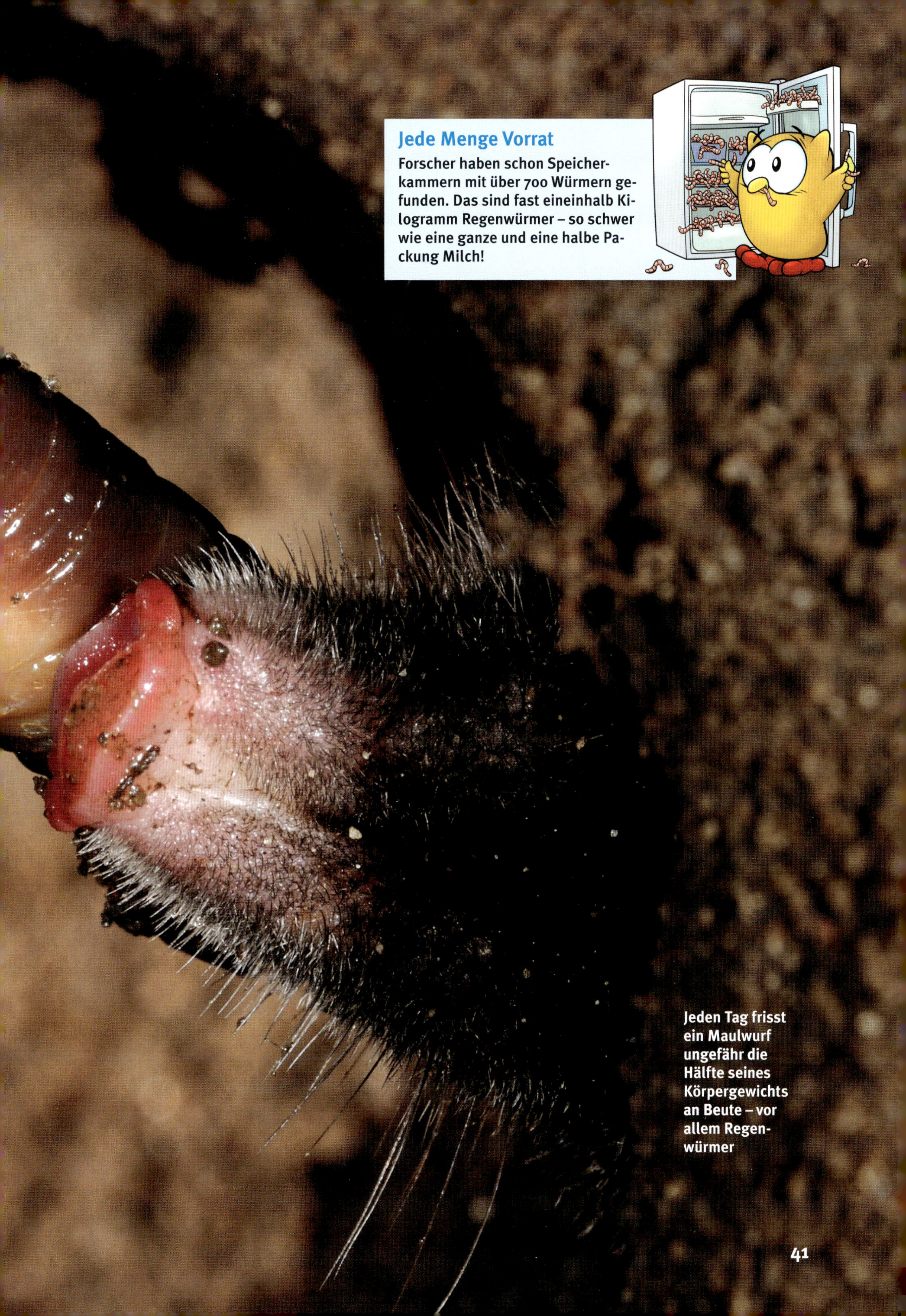

Jede Menge Vorrat

Forscher haben schon Speicherkammern mit über 700 Würmern gefunden. Das sind fast eineinhalb Kilogramm Regenwürmer – so schwer wie eine ganze und eine halbe Packung Milch!

Jeden Tag frisst ein Maulwurf ungefähr die Hälfte seines Körpergewichts an Beute – vor allem Regenwürmer

Hat der Maulwurf mehr Regenwürmer erbeutet, als er gleich fressen kann, lagert er sie in einer Vorratskammer

Um sich keine besonders schmackhafte Mahlzeit entgehen zu lassen, stoppt der Maulwurf sofort und legt den Rückwärtsgang ein.

Beim Einsammeln oder Jagen von Beutetieren ist einem Maulwurf die Jahreszeit egal – gerade im Winter wird gejagt, denn Winterschlaf halten diese flinken Stollengräber nicht. Die meisten Bodentiere bewegen sich in der kalten Jahreszeit nicht sehr aktiv in der Erde umher und fallen

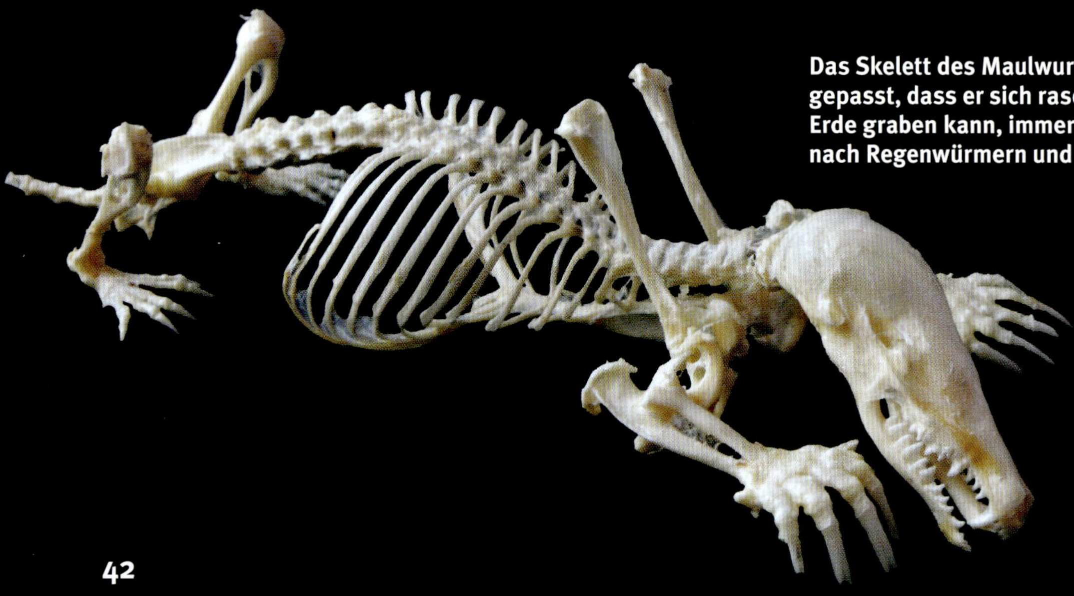

Das Skelett des Maulwurfs ist daran angepasst, dass er sich rasch durch die Erde graben kann, immer auf der Suche nach Regenwürmern und anderer Beute

In der kalten Jahreszeit kann der Maulwurf von seinen Vorräten zehren

daher seltener in die Gänge der unterirdischen Jäger. Ab Herbst beginnen Maulwürfe daher damit, Regenwürmer in Vorratskammern als Nahrungsspeicher zu horten. Richtig große Regenwurmlager entstehen im Spätwinter und Frühjahr. Dann leben die Würmer zurückgezogen unter einer frostigen Bodenschicht, sind aufgrund der Kälte nicht mehr gut beweglich und daher leichte Beute für den Maulwurf.

Aber wie macht der Maulwurf das bloß, dass die Regenwürmer nicht aus seiner Vorratskammer davonkriechen? Da gibt es einen kleinen Trick – der ist nicht so gut für die Regenwürmer, aber ein Maulwurf kann damit seine Vorräte sichern. Durch einen Biss in den Kopf des Regenwurms wird dieser fluchtunfähig gemacht. So bleiben die Würmer am Leben und sind ganz frisch bis zum nächsten Mal, wenn der Maulwurf hungrig ist und keine neue Beute findet. Möchte ein Maulwurf einen Regenwurm verspeisen, hält er den hinteren Teil des Wurms zwischen „Daumen“ und „Zeigefinger“ fest. Geschickt quetscht er so den sandigerdigen Darm aus und frisst vor allem das saftige Fleisch.

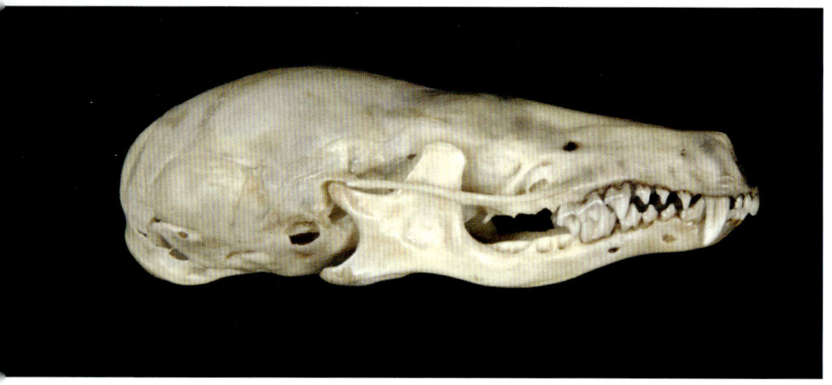

In den Kiefern des lang gestreckten Schädels sitzen nadelspitze Zähne, die ideal dafür geeignet sind, die glitschige Beute festzuhalten

Zähne zeigen

Ein Maulwurf besitzt insgesamt 44 Zähne – je 22 im Ober- und Unterkiefer. Wie die meisten Säugetiere haben Maulwürfe zwei „Sätze" Zähne. Wie wir Menschen auch, bilden die kleinen Stollengräber im Jungtieralter zunächst ein Milchgebiss aus. Beim Heranwachsen wird es durch ein bleibendes Gebiss ersetzt, das die Tiere im Erwachsenenalter begleitet.

Je sechs Schneidezähne in Ober- und Unterkiefer, je zwei Eckzähne, wobei diejenigen im Oberkiefer groß und kräftig ausgebildet und die im Unterkiefer eher schwach entwickelt sind, je acht Vorbackenzähne oben und unten und je sechs Backenzähne im Ober- und Unterkiefer zeichnen Maulwürfe als Fleischfresser aus.

Ganz schön furchterregend, so ein Maulwurfgebiss!

Seine spitzen Zähne weisen den Maulwurf als Fleischfresser aus

Wie Du schon gelesen hast, versucht der Maulwurf, möglichst wenig von dem Sand mitzufressen, den die Regenwürmer in ihrem Darm haben. Dennoch nimmt er mit jeder Mahlzeit jede Menge Erdreich auf. Erde und Sand knirschen nicht nur zwischen den Zähnen, sondern reiben auch immer ein wenig Zahnschmelz ab. Je älter ein Maulwurf ist, desto mehr Erde hat er schon zwischen seinen Zähnen gehabt. Dabei werden die Zähne immer abgenutzter und kürzer. An den Abnutzungserscheinungen der Zähne können Forscher daher das ungefähre Alter eines Maulwurfs bestimmen.

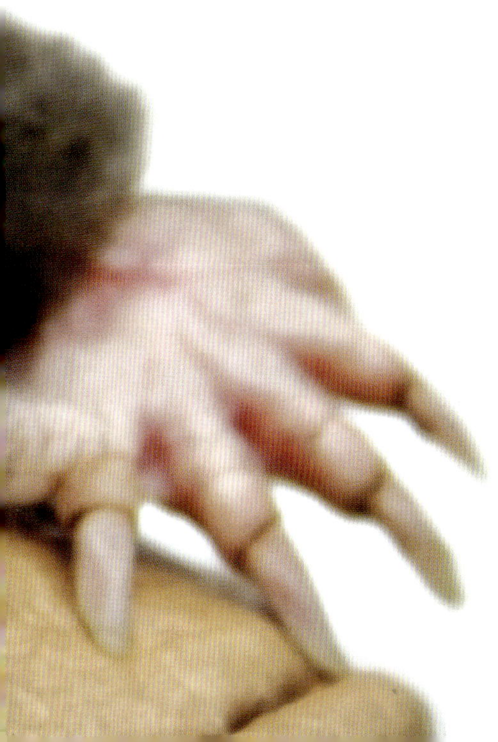

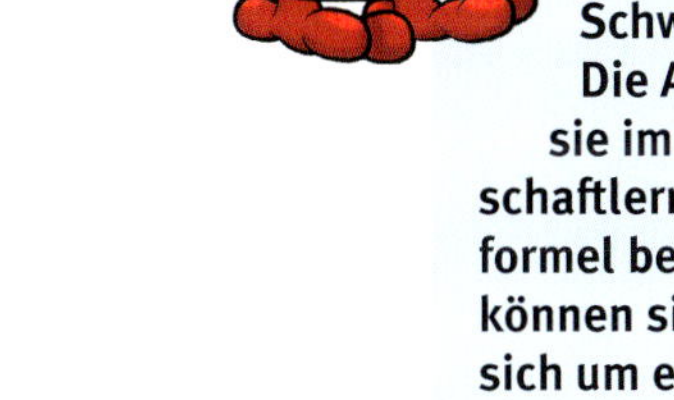

Ganz schön viele!

Das Gebiss des ausgewachsenen Maulwurfs ist eine Besonderheit: Es hat 44 Zähne. So viele Beißer hat als Tierart bei uns in Deutschland nur noch das Schwein. Alle anderen Arten haben weniger. Die Anzahl der Zähne und an welcher Stelle sie im Gebiss stehen, wird von Wissenschaftlern in einer sogenannten Zahnformel beschrieben. Auf einen Blick können sie daran erkennen, ob es sich um ein Tier handelt, das Fleisch frisst oder Vegetarier ist.

Wenn die Weibchen rufen

Eigentlich sind Maulwürfe ausgesprochene Einzelgänger und leben in ihrem Tunnelsystem alleine. Aber ab Ende Februar oder Anfang März, wenn der Winter langsam vorübergeht, ändert sich das Verhalten der Männchen. Die sogenannte Brunft beginnt, die Paarungszeit der Maulwürfe. Haben Männchen im Winter noch die Hälfte des Tages in ihrem molligen, gut isolierten Nest geschlafen oder geruht, werden sie jetzt sehr viel aktiver. Ihre Bewegungsaktivität kann sich sogar bis auf ein Zehnfaches steigern. Die Schlafnester suchen sie immer seltener oder gar nicht mehr auf. Wenn der Maulwurf müde wird, legt er sich einfach im Gangsystem hin, auch an unbequemen, nicht isolierten oder nicht gepolsterten Stellen.

Was ist da los, fragst Du Dich? Die Männchen begeben sich auf die Suche nach einem Weibchen. Um den Partnerinnen näherzukommen, graben Maulwurfsmännchen viele neue Gänge, man nennt sie auch „Hochzeitsgänge“. Sehr oft verlassen sie ihr eigenes Revier, also das von ihnen bewohnte Gangsystem, nun auch oberirdisch. Um ein passendes Weibchen zu finden, nehmen die Männchen gefährliche und weite Wanderungen über Tage in Kauf.

Und die Weibchen, was machen die? Um auf sich aufmerksam zu machen und die Männchen anzulocken, geben sie glucksende Laute von sich. Dabei wird die eigene Schlafkammer zur „Sendezentrale“ ihrer Kontaktrufe.

Um es den Männchen auf ihren „Hochzeitswanderungen“ noch etwas leichter zu machen, markieren die Weibchen ihr Revier mit Urin. Das hört sich erst einmal ein wenig eklig an. Im Erdboden ist es aber nicht so schlimm.

Schwierige Haltung

Ein Haltungssystem für Maulwürfe in Menschobhut nennt man Talparium. Dieser Begriff leitet sich vom wissenschaftlichen Namen für Europäische Maulwürfe ab, der aus dem Lateinischen stammt: *Talpa europaea*.

Vermutlich hast Du im Zoo oder im Tierpark noch nie einen Maulwurf gesehen. Es ist auch sehr schwierig, Maulwürfe in einem Talparium zu halten, sodass es ihnen gutgeht und sie gesund bleiben. Außerdem pflanzen sich die Tiere hier nicht fort, bekommen also keine Junge und können nicht vermehrt werden.

Entscheidend ist für die Maulwürfe, dass dadurch individuelle Duftstoffe den Weg weisen. Jedes Weibchen hat seinen ganz eigenen Geruch, sein eigenes Maulwurfsparfüm, und die suchenden Männchen erkennen daran, wohin sie gehen müssen. Das ist besonders wichtig, weil Maulwürfe ja nicht so gut gucken können. Sie erkennen hell und dunkel, aber nicht, wie die Partnerin aussieht.

Auf der Suche nach Weibchen verlässt ein Männchen auch schon einmal sein Gangsystem

Hat ein Männchen ein passendes Weibchen gefunden, paaren sie sich in ihrem Nest. Jedes Weibchen ist meist nur ein bis zwei Tage dazu bereit und so findet sich das Paar lediglich für kurze Zeit zusammen. Danach gehen die beiden dann wieder getrennte Wege. Das Männchen besetzt sein eigenes Revier und das Weibchen kümmert sich um den Nachwuchs.

Die Wanderungen über offene Flächen sind sehr gefährlich

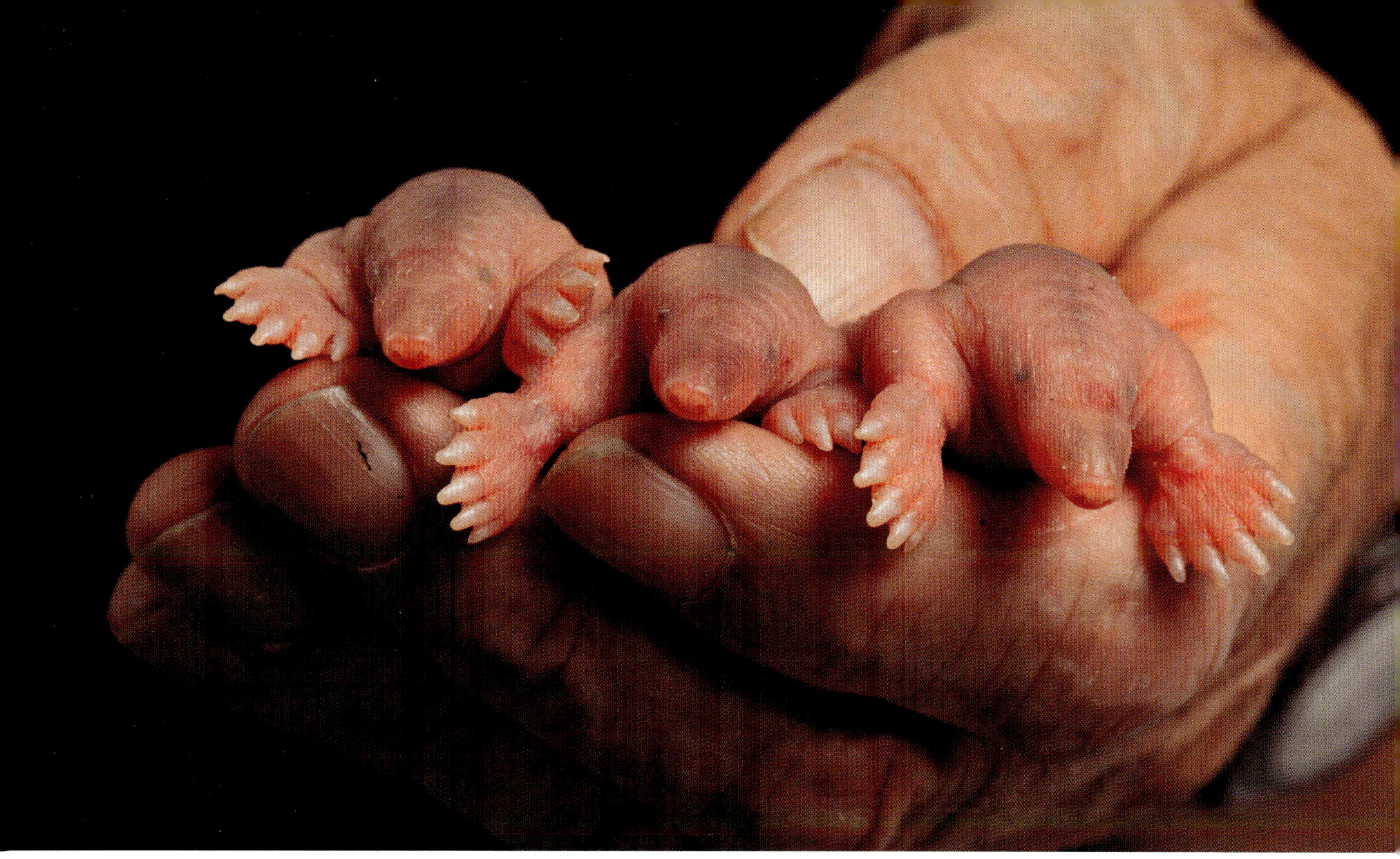

Maulwurfbabys kommen ohne Fell zur Welt. Augen und Ohren sind noch geschlossen.

Nachwuchs

Rund 28 Tage nach der Paarung, etwa von April bis Juni, bringt das Weibchen drei bis vier Jungtiere zur Welt. Die Neugeborenen wiegen zwischen 3,5 und 6,5 Gramm und sind von der Nasenspitze bis zum Körperende nur 3,5 bis 4,4 Zentimeter lang. Damit sind die Leichtgewichte gerade mal so schwer wie zwei bis drei Gummibärchen und so lang wie ein Streichholz.

Blind, taub und ohne Fell kommen die Kleinen in einer besonderen Nestkammer zur Welt. Die Maulwurfmutter zieht ihre Jungtiere alleine groß und hat dafür eine sogenannte Wurfkammer gut geschützt im Boden angelegt, oft im Wurzelgeflecht eines Strauchs, schön ausgepolstert mit Blättern, Stroh oder Heu. Dieses „Kinderzimmer“ hat mehrere Ein- und Ausgänge, um bei Gefahr verschiedene Fluchtwege zu bieten.

In den ersten Wochen werden die Jungen gesäugt und bekommen nur Milch. Ungefähr am 17. Tag nach der Geburt öffnen sich die Ohren, um den 22. Tag herum gehen auch die Augen auf und das Fell der Kleinen schimmert bereits maulwurfsfarben in Schwarzblau. Nach 32 Tagen verlassen die Jungen vorsichtig ihr Aufzuchtnest und erkunden die Gänge der Umgebung. Schnell werden sie mutiger und streunen bald im ganzen mütterlichen Gangsystem umher. Nach rund fünf Wochen ist der Nachwuchs selbstständig und verlässt ab Juni oder Juli das Revier der Mutter.

Hier wird ein verlassenes Maulwurfbaby von Hand gefüttert

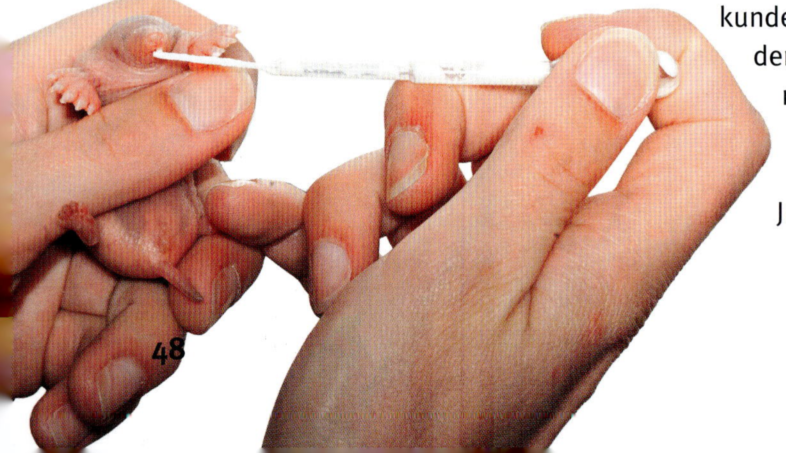

Nach ein paar Tagen im Nest beginnen sich die Kleinen dunkel zu färben

Jetzt beginnt für die jungen Maulwürfe eine sehr unsichere Zeit. Die noch heimatlosen Jungtiere sind ohne den Schutz durch einen eigenen Bau vielen Gefahren ausgesetzt. Beim Abwandern in freie Räume müssen sie sich in Acht nehmen, nicht gefressen zu werden, zum Beispiel von Eulen oder Füchsen. Auch schlechtes Wetter und Straßenverkehr können ihnen zum Verhängnis werden. Erwachsene Maulwürfe vertreiben die Jungen, wenn sie in ihr Territorium kommen, denn wie Du weißt, sind diese Tiere Einzelgänger. Das geht so weit, dass die jungen, meist schwächeren Tiere von den Alten bei diesen Auseinandersetzungen um ein Revier sehr schwer oder sogar tödlich verletzt werden und an ihren Wunden sterben können.

Besonders gute Aussichten hat ein heranwachsender Maulwurf, wenn er ein Revier findet, dessen Besitzer gestorben ist. Das kann er dann für sich in Beschlag nehmen. Das richtige Graben muss erst erlernt werden. Konnte der Jungmaulwurf ein neues Zuhause für sich finden, wird er nach zehn Monaten geschlechtsreif. Das heißt, er kann genau passend zur Paarungszeit im nächsten Frühjahr an der Brunft teilnehmen und selber für neuen Nachwuchs sorgen.

Etliche Gefahren drohen jungen Maulwürfen, und viele erreichen das Erwachsenenalter nicht

Schermäuse sind häufige Nachbarn des Maulwurfs

Nachbarn und Mitbewohner

Die bei uns nicht heimischen Blindmäuse führen eine ähnliche Lebensweise wie Maulwürfe und sehen ihnen deshalb recht ähnlich. Ihre langen Schneidezähne verraten aber, dass es Nagetiere sind, die sich pflanzlich ernähren. Diese Tiere kommen regelmäßig zusammen mit Maulwürfen im selben Gebiet vor.

Es gibt eine ganze Anzahl von Tieren, die wie der Maulwurf in unterirdischen Gängen leben. Viele davon sind seine Nachbarn und die meisten davon zählen zur Ordnung der Nagetiere. Es handelt sich überwiegend um Pflanzenfresser, die sich von Grünzeug und Samen ernähren. Nur sehr selten futtern sie auch mal einen Käfer oder Engerling.

Zu den Nachbarn eines Maulwurfs gehören beispielsweise die Blindmaus, der Bisam oder auch ein Feldhamster. Sehr häufig sind Wühlmäuse wie die Schermaus oder die Rötelmaus in den gleichen Gebieten zu Hause wie der Maulwurf.

Auch Rötelmäuse leben oft im selben Gebiet

Manchmal kommt es auch vor, dass sich der Vertreter einer anderen Tierart im Höhlen- und Gangsystem eines Maulwurfs wohlfühlt und bei ihm einzieht. So kannst Du von Zeit zu Zeit eine Ringelnatter oder eine Erdkröte in seinem Zuhause finden. Diese ungewünschten Mitbewohner sieht der fleißige Buddler nicht so gerne, toleriert sie aber wohl oder übel. Wühlmäuse hingegen will ein Maulwurf als ausgemachter Einzelgänger nicht in seinen Gängen haben. Obwohl Wühlmäuse reine Vegetarier sind, betrachtet der Maulwurf sie als Widersacher und vertreibt sie, wann immer er kann.

Manchmal sucht eine Erdkröte in den Gängen des Maulwurfs Unterschlupf

Wühlmaus oder Maulwurf?

Woran kannst Du bei einem Erdhügel erkennen, ob es ein Maulwurfshaufen ist oder eine Wühlmaus am Werk war? Ganz einfach: Der Gang des Mauswurfs befindet sich in der Mitte eines Hügels und führt senkrecht nach unten. Seine Haufen sind oft etwas größer und symmetrischer. Bei einem Vorkommen der Schermaus oder Wühlmaus sind die Erdhügel eher lang gestreckt, wie auf diesem Foto. Ihre Gänge befinden sich nämlich seitlich an den Haufenrändern und gehen schräg nach unten ab.

Überall Feinde

Maulwürfe sind nicht nur selber ausgezeichnete Jäger, es gibt auch eine ganze Reihe natürlicher Feinde, die die kleinen Stollengräber zum Fressen gern haben.

Viele Greifvögel, etwa Mäusebussard, Wiesenweihe oder Turmfalke, erspähen tagsüber einen Maulwurf, wenn er sich auf der Erdoberfläche bewegt oder sich beim Erdaufwerfen dicht darunter befindet. Auch Kranich, Graureiher, Weißstorch und Krähen verschmähen einen Maulwurf nicht. Nachts hingegen gehören Maulwürfe zur Beute von Eulen.

Eulen wie dieser Uhu sind gefährliche Fressfeinde des Maulwurfs

Aber nicht nur aus der Luft werden Raubfeinde einem Maulwurf zur Gefahr. Wildschwein, Marder, Dachs, Waschbär und Fuchs stellen dem kleinen Buddler selbst im Dunkeln nach. Sie können ihn sogar ausgraben, wenn er nicht allzu tief in seinem Gangsystem in Deckung geht. Das schlanke Mauswiesel verfolgt ihn in seinen eigenen Gängen. Weitere Raubsäuger wie Baummarder, Iltis und Hermelin sind seine Feinde.

Und zu guter Letzt jagen und töten auch Haushunde und Hauskatzen Maulwürfe, wenn sie dazu die Gelegenheit haben. Gefressen wird er dann jedoch nur selten. Der „Duft", den ein Maulwurf verströmt, scheint unappetitlich auf unsere Hausgenossen zu wirken.

Ein Kolkrabe hat einen Maulwurf erbeutet

Frei laufende Katzen sind eine Katastrophe für unzählige heimische Tierarten. Hier versucht ein Maulwurf verzweifelt, sich gegen diesen übermächtigen Gegner zur Wehr zu setzen.

Auch der Storch stellt dem Maulwurf nach

Rasenmäher ebnen die Maulwurfshügel ein, sodass die Erde wieder in die Gänge fällt. Außerdem können sie über der Erde laufende Maulwürfe töten.

Weitere Gefahren

Die Jagd auf Maulwürfe wegen ihres samtigen Fells gibt es zwar heute in Deutschland nicht mehr, trotzdem sind etliche Gefahren, denen die Tiere ausgesetzt sind, vom Menschen gemacht. Vielerorts gelten Maulwürfe als Schädling und werden gefangen oder getötet. Die Flächenbewirtschaftung in Monokulturen, wo also nur eine Pflanzenart angebaut wird, zerstört den Lebensraum von Maulwürfen. Die eingesetzten Landmaschinen werden ihm zur tödlichen Gefahr. Intensivierung der Landwirtschaft und der Einsatz von Giften vernichten seinen Platz zum Leben. Auch der Rückgang von Wiesen und Weiden und die zunehmende Versiegelung der Böden durch Straßen und Gebäude in Städten bedrohen seinen Lebensraum stark. Extrem trockene Sommer können ebenfalls eine Gefahr für Maulwürfe bedeuten: Das unterirdische Nahrungsangebot wird bei Dürre sehr knapp und die Tiere hungern und werden schwach.

Bei uns zum Glück verboten: Fallen für Maulwürfe

Direkte Nachstellung ist in vielen Ländern die Hauptgefahr für Maulwürfe

Jedes Jahr von Mitte Mai bis Anfang August steigt die Anzahl der Unfallopfer unter den Maulwürfen. Die neue Generation, das heißt die Jungtiere des jeweiligen Jahres, verlässt dann nämlich die mütterlichen Territorien und begibt sich auf die Suche nach einem eigenen Revier. Auf dem Weg in die Selbstständigkeit begegnen die unerfahrenen Tiere vielen für sie neuartigen Herausforderungen. Da sie oft weite Strecken zurücklegen müssen, kommt es immer wieder vor, dass sie eine Straße oder einen Weg zu überqueren haben. Mit ihren schlechten Augen können sie nicht links und rechts nach dem Straßenverkehr schauen und werden manchmal von einem Auto erfasst.

Straßen sind für Maulwürfe höchst gefährlich

Wasser? Besser nicht!

Regen und Überschwemmungen mag ein Maulwurf nicht besonders gern. Diese beschädigen oder zerstören sein ausgefeiltes Gangsystem. Eigentlich sind die Tiere eher wasserscheu. Im Notfall entpuppen sie sich jedoch als ausgezeichnete Langstrecken-Schwimmer. Mit weit aufgerissenen Augen steuert der Maulwurf die dunklere Uferseite an.

Hier siehst Du eine erwachsene Wiesenschnake

Nützling oder Schädling?

Hast Du auch einen Maulwurf im Garten? Oder vermutest es zumindest, weil Du seine Hügel im Rasen erkennen kannst? Dies ist ein gutes Zeichen, denn die Anwesenheit dieses wichtigen Nützlings weist darauf hin, dass der Boden eine hohe Qualität besitzt. Ein Maulwurf buddelt schließlich besonders gerne dort, wo sich viele Bodenlebewesen tummeln.

Am liebsten frisst er zwar Regenwürmer, wenn sich jedoch an den Pflanzenwurzeln jede Menge Insekten larven gütlich tun, dann stellt ein Maulwurf seine Speisekarte um. Beispielsweise verschlingt er unersättlich Hunderte der kleinen Wiesenschnaken-Larven, die die feinen Wurzeln von Rasen oder Kräutern fressen und so die Pflanzen absterben lassen.

Indem er Insekten und deren Larven und Puppen vertilgt, schützt er die Pflanzen und arbeitet als natürlicher Schädlingsbekämpfer. Weil er niemanden neben sich in seinem Revier duldet, vertreibt er jede Wühlmaus. So hält er zusätzlich den Garten frei von hungrigen Pflanzenfressern.

Die Larven von Wiesenschnaken fressen an den Wurzeln von Pflanzen, sodass diese absterben. Maulwürfe vertilgen Unmengen dieser bei Gartenbesitzern unbeliebten Insekten.

Aberglaube

Noch vor wenigen Jahrhunderten wussten die Menschen kaum etwas über die unterirdische Lebensweise der Maulwürfe. Daher empfanden viele sie als unheimlich. Es entwickelte sich ein sogenannter Aberglaube. Manch einer dachte, das Vorkommen von Maulwürfen auf dem eigenen Land bringe Unglück. Andere hingegen glaubten daran, dass die Asche verbrannter Maulwürfe als Medizin gegen Krankheiten wirke. Oder sie trugen getrocknete Füße der Tiere als Glücksbringer mit sich. Erst die Erkenntnisse, die Forscher gewannen, kehrten diesen alten Aberglauben-Müll beiseite ...

Mit der Erde der „Hügellandschaft“ hilft ein Maulwurf sogar dem Gärtner, jede Menge Arbeit und Geld zu sparen. Denn diese Erde seiner Hügel ist schön locker und unkraut- sowie wurzelfrei. Du brauchst sie nicht einmal mehr durchzusieben, wenn neue Blumen darin gepflanzt werden sollen – zum Gärtnern ideal!

Die Grabaktivität der Maulwürfe sorgt zusätzlich für reichlich Durchlüftung und Lockerung des Bodens. Davon profitieren auch Wildbienen, Kröten und andere Tiere. Sie können sich leichter ihren eigenen Unterschlupf in der Erde bauen.

Bei Kleingärtnern allerdings ist ein Maulwurf häufig alles andere als gern gesehen. Wenn vorhanden, bevorzugen die kleinen Tiere in diesen Gärten Frühbeete und mit Stallmist oder Kompost versorgte Pflanzenkulturen. Beides liefert perfekten Nährboden für das Vorkommen von Regenwürmern – und von dicken, fetten Regenwürmern werden Maulwürfe fast magisch angezogen.

Erde aus Maulwurfshügeln ist zum Gärtnern ideal!

Maulwürfe spielen eine wichtige Rolle in der Natur

Dass sich der Platzwart nicht freut, wenn der Maulwurf seine Hügel auf dem Fußballfeld anlegt, ist verständlich

Auch bei Landwirten gelten die Tiere häufig als Feldschädlinge. Im Frühjahr graben und jagen Maulwürfe oft und gerne in der feuchten Bodenkrume. Dabei zerstören sie unter Umständen auch die frische Aussaat und Jungpflanzen. Anders als beim Sammeln von Beutetieren, die in die Gänge gefallen sind, legen Maulwürfe bei aktiver Nahrungsjagd auch neue Jagdgänge und Tunnel an. Dabei knabbern sie zwar nicht an den Pflanzen, aber durch die Erdumgrabungen können Wurzeln abgerissen werden. Ohne ihre Verankerung im Grund verlieren Pflanzen den Halt und werden nicht mehr mit Wasser und Nährstoffen versorgt. Sie wachsen krumm und schief oder kümmern erst und verdorren anschließend.

Gerade wenn der Maulwurf sich in einer Sonderkultur beispielsweise von Gartenkräutern angesiedelt hat, kann dies zu ernsthaften finanziellen

Auf Golfplätzen sind Maulwürfe nicht gerade gern gesehen

Kein beliebter Gast im Gemüsebeet ...

Einbußen für den Gärtner führen und er möchte diesen „Schädling“ auf jeden Fall loswerden. Auch Ziergartenbesitzern, Golfspielern oder Betreibern von Fußballplätzen ist das Vorkommen eines Maulwurfs auf ihren Flächen meist ein Dorn im Auge. Hier sind vor allem die Erdhügel das Problem. Zum einen bringen die Haufen das gewünschte Bild des fein gemähten Rasens eines Ziergartens durcheinander, zum anderen behindern sie auch die Ausübung des jeweiligen Sportes. Man kann die Erde der Hügel zwar abtragen und den Rest mit einer Schaufel platt hauen, eine rasenfreie Stelle bleibt jedoch noch eine ganze Weile zurück. Zusätzlich birgt ein durch Maulwurfgänge unterhöhlter Boden die Gefahr für die Spieler, in den Unebenheiten hängen zu bleiben, zu stolpern oder einzubrechen und sich so zu verletzen.

Was tun gegen den unliebsamen Gast?

Mit solchen Vergrämern lassen sich Maulwürfe vertreiben

Vibrationen der Flaschen sollen hier Maulwürfe verscheuchen

Auch selbst gebastelte Vorrichtungen eignen sich dazu, Maulwürfe vom Gemüsebeet fern zu halten

Der Mensch macht es dem Maulwurf nicht gerade leicht. Auch wenn der „Schrecken der Gartenfreunde“ nicht vom Aussterben bedroht ist, darf man ihm kein Haar krümmen. Nach dem Bundesnaturschutzgesetz ist es untersagt, die Tiere zu töten, zu verletzen oder ihnen überhaupt nachzustellen. Der Maulwurf steht also unter strengem Schutz.

Wenn Du Deinen Garten dennoch nicht mit einem Maulwurf teilen möchtest und nicht mit dem Gesetz in Konflikt geraten willst, kannst Du versuchen, ihn mit unterschiedlichen Mitteln zu vertreiben. Das Verscheuchen oder Vertreiben eines Tieres nennt man auch Vergrämung. Es gibt elektronische Vergrämer, die einen Ultraschallton produzieren, oder mechanische Vergrämer, wie beispielsweise Dosen an einer Metallstange. Mit beidem versucht man, durch Töne das empfindliche Gehör des Maulwurfs zu verwirren. Auch schräg in den Boden eingegrabene Flaschen kannst Du ausprobieren. Normalerweise ist es eher still im Erdreich und der Maulwurf kann bei der Jagd seine Beute kriechen hören. Mit den Vergrämern scheppert und summt und pfeift es überall im Boden – da nimmt der Maulwurf Reißaus und versucht sein Glück an einem anderen Ort.

Eine andere Möglichkeit ist es, den empfindlichen Geruchssinn der Maulwürfe zu strapazieren. Manche Gärtner versuchen es mit Hundehaaren oder Hundekot, die in die Gänge der kleinen Erdarbeiter gelegt werden. Andere hatten schon Erfolg mit Heringsköpfen oder Fischabfällen. Auch stark riechende Pflanzen können verwendet werden, um die Tiere zu vergrämen. Beispielsweise wird etwas Holunderblätterjauche in die Gänge gegossen, oder man steckt Nussbaumblätter oder Thujazweige in die Öffnung.

Um einzelne Bereiche, zum Beispiel Frühbeete, gegen das Eindringen eines Maulwurfs zu schützen, ist es am einfachsten, ein engmaschiges Drahtgeflecht rundherum in den Boden einzugraben. Dies hält zugleich die Wühlmäuse fern.

Aber findest Du es nicht auch am schönsten, wenn der Maulwurf im Garten bleiben darf und Du seine Arbeit beobachten kannst?

Ein engmaschige Drahtgeflecht unter dem Beet hindert Maulwurf, Wühlmaus und Co daran, Schäden anzurichten

Auch wenn seine Hügel vielleicht manchen Menschen stören mögen – ist der Maulwurf nicht ein absolut sympathischer Geselle?

Großes Maulwurf-Quiz

Du weißt jetzt sehr viel über Maulwürfe, ja, Du bist ein richtiger Experte auf diesem Gebiet geworden! Wenn Du Lust hast, kannst Du einmal ausprobieren, was Du Dir alles gemerkt hast. Kreuze bei jeder Frage eine Antwort mit dem Bleistift an und schau am Schluss auf Seite 64 nach, ob Du richtig getippt hast. Und nun viel Spaß!

1. Wie lebt ein Maulwurf?

a) mit der ganzen Familie .... ❍
b) alleine .... ❍
c) in einer Gruppe .... ❍

2. Was frisst ein Maulwurf am liebsten?

a) Pflanzen .... ❍
b) Spagetti mit Tomatensoße .... ❍
c) Regenwürmer .... ❍

3. Zu welcher Ordnung im Tierreich gehört der Maulwurf?

a) Insektenfresser .... ❍
b) Nagetiere .... ❍
c) Raubtiere .... ❍

4. Wie hoch ist die Körpertemperatur normalerweise bei einem Maulwurf?

a) etwa 20,5 Grad Celsius .... ❍
b) genau 37 Grad Celsius .... ❍
c) ungefähr 39,4 Grad Celsius .... ❍

5. Welcher Sinn ist bei einem Maulwurf am besten ausgebildet?

a) der Sehsinn .... ❍
b) der Tastsinn .... ❍
c) der Geschmackssinn .... ❍

6. Wie viele Haare hat ein Maulwurf auf einer Fläche von einem Quadratmillimeter?

a) 20 .... ❍
b) 200 .... ❍
c) 2 000 .... ❍

7. Woher weiß ein Maulwurf, dass ein Revier durch einen anderen Maulwurf belegt ist?

a) Geruchsmarkierung mit Urin .... ❍
b) Besetztzeichen am Eingang .... ❍
c) Freundliche Begrüßung .... ❍

8. Wie verständigen sich Maulwürfe untereinander?

a) durch Zeichensprache .... ❍
b) über Gerüche und Geräusche .... ❍
c) überhaupt nicht .... ❍

9. Wie groß ist ein Maulwurf?

a) maximal ein Meter .... ❍
b) wenige Millimeter .... ❍
c) elf bis 16 Zentimeter .... ❍

10. Wie alt wird ein Maulwurf?

a) bis zu zwölf Monate .... ❍
b) bis zu drei Jahre .... ❍
c) bis zu zehn Jahre .... ❍

11. Wo hat der Maulwurf das sogenannte Eimer'sche Organ?

a) am Schwanz .... ❍
b) auf dem Rücken .... ❍
c) an der Rüsselnase .... ❍

12. Wie viel Nahrung braucht ein Maulwurf im Jahr?

a) bis zu drei Kilogramm .... ❍
b) bis zu dreißig Kilogramm .... ❍
c) bis zu dreihundert Kilogramm .... ❍

13. Wie heißt das Haltungssystem für einen Maulwurf?

a) Aquarium .... ❍
b) Terrarium .... ❍
c) Talparium .... ❍

14. Wie lang kann das Gangsystem eines Maulwurfs werden?

a) 20 Meter und länger .... ❍
b) 200 Meter und länger .... ❍
c) 2 000 Meter und länger .... ❍

15. Wie schnell kann ein Maulwurf graben?

a) 7 Meter in der Stunde .... ❍
b) 17 Meter in der Stunde .... ❍
c) 70 Meter in der Stunde .... ❍

16. Was tut ein Maulwurf, wenn es kalt wird?

a) Er macht Winterschlaf .... ❍
b) Er gräbt tiefer und bewegt sich mehr ... ❍
c) Er hört auf, Regenwürmer zu fressen ... ❍

17. Wie viele Jungtiere bringt ein Maulwurfsweibchen im Frühjahr zur Welt?

a) eines .... ❍
b) drei bis vier .... ❍
c) zehn .... ❍

18. Wie nennt man es, einen Maulwurf zu vertreiben?

a) versummen .... ❍
b) verstinken .... ❍
c) vergrämen .... ❍

19. Wo kommen Maulwurfarten auf der Erde vor?

a) nur auf der Nordhalbkugel .... ❍
b) nur auf der Südhalbkugel .... ❍
c) überall .... ❍

20. Wie viele Zähne hat ein Maulwurf?

a) 22 .... ❍
b) 33 .... ❍
c) 44 .... ❍

Lösungen zum Maulwurf-Quiz:

1) b: Maulwürfe sind absolute Einzelgänger. Nur Weibchen leben für die Zeit der Jungenaufzucht mit diesen zusammen.

2) c: Regenwürmer frisst ein Maulwurf am liebsten. Pflanzen stehen nicht auf seinem Speiseplan.

3) a: Maulwürfe gehören zur Ordnung der Insektenfresser.

4) c: Die Körpertemperatur eines Maulwurfs ist aufgrund seines schnellen Stoffwechsels höher als beim Menschen und liegt bei 39,4 Grad Celsius.

5) b: Der Tastsinn ist beim Maulwurf besonders gut ausgebildet, mit empfindlichen Sinneshaaren oder Vibrissen.

6) b: Es sind ungefähr 200 feine Wollhaare pro Quadratmillimeter.

7) a: Ein Maulwurf markiert sein Revier mit Urin. Jeder Fremde kann sofort riechen, dass dieses Gangsystem besetzt ist.

8) b: Hauptsächlich hinterlassen Maulwürfe Geruchsmarkierungen. Treffen zwei Tiere aufeinander, geben sie auch Zischlaute oder Knackgeräusche von sich.

9) c: Ein ausgewachsener Europäischer Maulwurf ist zwischen elf und 16 Zentimeter groß.

10) c: Ein Europäischer Maulwurf kann in der freien Natur bis zu drei Jahre alt werden. Allerdings gibt es nur sehr wenige Tiere, die dies schaffen.

11) c: Das Eimer'sche Organ liegt an den in der Haut entspringenden Knospen der Vibrissen der Rüsselnase. Hier können nicht nur Tastreize, sondern auch elektrische Felder gefühlt werden.

12) b: Bis zu dreißig Kilogramm kann ein Maulwurf gut im Jahr fressen, abhängig von seiner Größe etwas mehr oder weniger.

13) c: Talparium wird das Haltungssystem für Maulwürfe genannt.

14) b: Ein dauerhaft bewohntes und bejagtes Gangsystem kann 200 Meter und länger sein.

15) a: Beim Anlegen von Jagdgängen kann ein erfahrener Maulwurf bei guter Bodenbeschaffenheit sieben Meter in der Stunde graben.

16) b: Wenn es im Winter kalt wird, gräbt ein Maulwurf tiefer gelegene Gänge, um im frostfreien Boden jagen zu können. Um seine Körpertemperatur gleichmäßig aufrechtzuerhalten, bewegt er sich mehr.

17) b: Drei bis vier Jungtiere bringt ein Maulwurfweibchen im Frühjahr zur Welt.

18) c: Einen Maulwurf zu vertreiben, nennt man auch vergrämen.

19) a: Maulwurfarten kommen nur auf der Nordhalbkugel der Erde vor.

20) c: Ein Maulwurf hat 44 Zähne.

Entdecke die Reihe mit der Eule!

Entdecke die Eulen

Entdecke die Greifvögel

Entdecke die Geier

Entdecke die Rabenvögel

Entdecke die Spechte

Entdecke die Finken

Entdecke die Spatzen

Entdecke die Eisvögel

Entdecke die Zugvögel

Entdecke die Singvögel

Entdecke die Meisen

Entdecke die Kraniche

Entdecke die Störche

Entdecke Schwäne, Gänse & Enten

Entdecke die Möwen

Entdecke die Pinguine

Entdecke die Papageien

Entdecke die Kolibris

Entdecke die Fledermäuse

Entdecke die Hunde

Entdecke die Kühe

Entdecke die Pferde

Entdecke die Esel

Entdecke die Nagetiere

Entdecke die Igel

Entdecke die Maulwürfe

Entdecke die Waschbären

Entdecke die Biber

Entdecke die Otter

Entdecke heimische Wildtiere

Entdecke die Wölfe

Entdecke die Bären

Entdecke die Tiger

Entdecke die Menschenaffen

Entdecke Affen und Lemuren

Entdecke die Pandas

Entdecke die Elefanten

Entdecke die Nashörner

Entdecke die Erdmännchen

Entdecke die Beuteltiere

Natur und Tier - Verlag GmbH
An der Kleimannbrücke 39/41 · 48157 Münster
Telefon: 0251 - 13339-0 · Fax: 0251 - 13339-33
E-Mail: verlag@ms-verlag.de · www.ms-verlag.de